软文
写作与营销

王 辉◎著

清华大学出版社
北京

内容简介

本书是一种专注于突破软文创意写作与营销的实战教程，宗旨是帮助软文营销从业者迅速提升业绩，增强职场核心竞争力，帮助读者快速掌握软文写作的核心技巧，成为软文写作高手，帮助企业通过软文来提升品牌知名度和影响力，以低廉的宣传成本，吸引用户主动了解、关注、购买，让营销的效果最优化。

全书分为六章，从软文的力量、软文撰写前的精心准备、软文创意24招、软文撰写技巧、软文营销的力量和微商软文营销几个方面系统讲解了软文写作的步骤、方法、策略；更从实操的角度，介绍了常用软文营销的书写、推广、营销技巧，以及风险防范、误区规避、常见问题，部分内容以问答形式呈现给读者。本书提供的软文案例可借鉴性强，大部分案例都是经验浓缩，可以让读者从新手迅速变成软文营销高手。

本书适合所有软文营销工作者阅读，也适合个人站长、自媒体运营者、企划人员、中小企业主、网店店主、微商等阅读，同时也可作为相关培训机构的参考用书，对于研究和实践软文营销的读者具有显著的参考和指导价值。

本书封面贴有清华大学出版社防伪标签，无标签者不得销售。
版权所有，侵权必究。举报：010-62782989，beiqinquan@tup.tsinghua.edu.cn。

图书在版编目(CIP)数据

突破软文写作与营销 / 王辉著. —北京：清华大学出版社，2018（2022.8重印）
ISBN 978-7-302-48556-8

Ⅰ. ①突… Ⅱ. ①王… Ⅲ. ①市场营销学-文书-写作 Ⅳ. ①F713.50

中国版本图书馆CIP数据核字（2017）第238673号

责任编辑：张　敏
封面设计：杨玉兰
责任校对：胡伟民
责任印制：杨　艳

出版发行：清华大学出版社
网　　址：http://www.tup.com.cn，http://www.wqbook.com
地　　址：北京清华大学学研大厦A座　　邮　编：100084
社 总 机：010-83470000　　邮　购：010-62786544
投稿与读者服务：010-62776969，c-service@tup.tsinghua.edu.cn
质量反馈：010-62772015，zhiliang@tup.tsinghua.edu.cn

印 装 者：北京同文印刷有限责任公司
经　　销：全国新华书店
开　　本：170mm×240mm　　印　张：14.75　　字　数：210千字
版　　次：2018年1月第1版　　印　次：2022年8月第6次印刷
定　　价：49.00元

产品编号：073670-01

推荐序

这是一个知识付费风行和内容营销风行的时代,所谓内容营销,就是吸引目标客户前来,使他们想进一步索取相关资料、购买产品或服务的销售手法。为了吸引目标客户,我们需要在各种各样的媒介载体进行传播,比如在微信、微博、自媒体号(头条号、百家号、网易号、大鱼号……)进行传播,而内容营销的载体就是软文。

非常开心看到我的好朋友王辉的新书《突破软文写作与营销》的呈现,这是一本教你写入人心的书,先读心再下笔,记住,没有无法打动的客户,只有蹩脚的软文。好的软文可以加强品牌的知名度、培育顾客获得咨询、增加参与度、提升顾客的忠诚度、成为意见领袖,更为值得一提的是软文可以让你的产品更好卖。

最后祝福大家通过学习这本书可以写出更好的软文。切记:用写的东西都能卖出商品,也就是会写软文,就能卖货,前提是你要写出引人共鸣的软文。

王 易

前　言

在新媒体时代，网络营销逐渐兴起，传统的纸媒开始被人们忽视，而作为纸媒的重要广告形式，硬广告效果也开始下降，使得很多企业开始转变营销思路，从单一的硬广告投放逐渐向软文营销转变。软硬结合的广告投放策略，不仅弥补了硬广告的单调直接，而且也通过文字进一步提升了企业的品牌形象，增加了用户的信任感。

如今，是一个营销为王的时代。一个企业或是一种产品的成与败，往往受自身品牌效应的影响。只有形成良好的品牌效应，才能产生巨大的购买需求。而品牌效应的形成，大多依靠营销手段。随着时代的变迁和技术的不断进步，营销手段也出现各式各样的变化，软文在互联网时代脱颖而出。纵观当今的商品市场，可以看到各类产品几乎不分上下，但是为什么有的产品一直受到消费者的追捧，而有些产品的店面却门可罗雀呢？原因在于，内容驱动产品的时代到来了，软文已成为传统营销方式改革的巨大推动力，也是内容营销的主角之一。

据相关数据显示，目前大多数企业都对软文营销十分认可，并认为软文营销在新媒体时代会成为内容营销的一种趋势，不仅会为企业带来良好的品牌效应，还会为未来企业的发展塑造一个良好的产业链，让企业进入一个良性的发展时期。

在互联网时代，人们获取信息的方式主要是通过搜索引擎的搜索以及对各大网站信息的浏览。而这其中，不少企业都会以软文形式将企业以及行业信息推广出去，让网民们在阅读中不知不觉地了解企业、了解行业，甚至了解产品。

软文营销的成功不仅会让人们进一步认识和了解企业，也会促使一个企业发展壮大。例如众所周知的小米手机，在发展的初期，就是通过一些软文来吸引人的眼球。在人们对该手机没有了解的时候，阐述手机的一系列优势、性能及高性价比，引起了消费者的关注，进而通过一些测评文章及用户体验文章提升消费者的购买欲，扩大手机的广告效应，加强品牌的传播效果，最终也成就了小米科技在智能产品领域里无可取代的地位。

再如雕爷牛腩、黄太吉煎饼等，这里不再一一枚举。这些成功的企业，无论其产品如何，都有一个共同的特点，即基于互联网营销思维参与市场竞争，靠软文博得消费者对其产品的青睐。

软文营销无疑是新媒体时代企业发展的一个新手段，它不仅具有硬广告所没有的传播速度及受众群体，同时也能在无形中让企业的信息被人们所了解，让企业的品牌深入人心，进而使企业在激烈的市场竞争中立于不败之地。

当然，软文营销的另一个重点是推广，只有把优质的软文大范围地传播出去，才能在短时间内得到良好的广告效果。

作　者

目 录

第1章 软文的力量 // 001

    1.1 软文是什么？// 003

    1.2 软文推广的九大优势 // 003

    1.3 软文在营销中的地位 // 005

    1.4 软文在营销中的作用 // 006

    1.5 软文的分类 // 006

    1.6 八种软文载体注意事项及特点分析 // 008

        1.6.1 平面媒体软文营销 // 008

        1.6.2 博客中的软文营销 // 010

        1.6.3 微博中的软文营销 // 016

        1.6.4 微信中的软文营销 // 028

        1.6.5 网站长软文营销 // 033

        1.6.6 电商软文营销 // 036

        1.6.7 电子邮件软文营销 // 044

        1.6.8 论坛社交软文营销 // 048

    1.7 优秀软文具备的八大要素 // 052

    1.8 软文的发布平台和推广平台 // 058

第2章　软文撰写前的精心准备 // 061

2.1　软文撰写获取素材的渠道 // 062
2.2　软文五步速成法 // 066
2.3　软文撰写"三个三"训练法 // 068
- 2.3.1　软文撰写的三个阶段 // 068
- 2.3.2　软文撰写的三种心态 // 070
- 2.3.3　软文撰写的"三个100" // 071

2.4　软文撰写前的正确导向 // 080
- 2.4.1　内容创作差异化 // 080
- 2.4.2　内容创作价值化 // 080
- 2.4.3　内容创作共鸣化 // 081

第3章　软文创意24招 // 083

第4章　软文撰写技巧 // 114

4.1　那些"10万+"的文章都用了哪种标题 // 115
4.2　标题的20种类型与范例 // 118
4.3　软文开头撰写10法 // 129
4.4　新手学习软文撰写"三问一仿突破法" // 142
4.5　软文撰写的基本技巧 // 146
4.6　常见的软文布局形式 // 149

4.7 软文中常用的 9 个自然收尾方法 // 152

4.8 软文中如何巧妙植入推广目标 // 153

4.9 软文创意的思维方法 // 157

第5章　软文营销的力量 // 161

5.1 什么是软文营销 // 162

5.2 软文营销的特点 // 162

5.3 软文写作推广的注意事项 // 164

5.4 常用的专题类软文与销售类软文写作要点 // 168

5.5 软文营销的风险与规避 // 171

5.6 软文营销 22 问 // 178

5.7 什么是软文口碑营销 // 199

第6章　微商软文营销 // 201

6.1 朋友圈软文营销三要素 // 202

6.2 朋友圈营销禁忌 // 203

6.3 常用的朋友圈软文创意以及编写 16 招 // 204

6.4 微商朋友圈塑造的基本要点 // 223

第1章

软文的力量

软文营销是商圈人士必学的一门营销技能，可是如何从入门到精通却需要大智慧，无论是线上的电子商务还是线下的传统销售，软文营销的优劣可以说是关乎企业业绩的一项重要指标。如今互联网的崛起引发了很多不见面的生意，消费者了解一个企业的主要渠道是通过网络；就算是见面的生意，消费者还是会习惯性地到网上搜索软文求证，软文推广的魅力可谓是无人可挡。当然软文营销更多时候不是通知所有的人都来买，而是赋予商品一种情怀，一种关乎文明、生活、力量或正能量的理念，然后形成影响力获得消费者的信任，最终达成了产品营销的意图。

软文营销对于大品牌来说是冲锋的利器，而对于许多小品牌来说，在消费者还无法认可你的商品质量和功能之前，最应该做的即是寻觅更多的共同点让更多的人知道你，让你的品牌从小众变成大众人群的首选，所以说软文推广是商战最有力的武器。软文，即是一种不像广告的广告，它的意图是宣扬出售，但它的表现形式却是基于耳濡目染、润物无声的一种求同心理。在不同类型的门户网站发布软文，对于需要宣扬到的人群，揣摩他们的喜爱以及关注点，然后用文字表达出来。可以是散文似的感性言语，也可以是新闻体裁的社会报道，依托这种容易让人萌发阅读兴趣的文章，合理地调配进自己需要宣扬的商品，带来流量和口碑。

软文看起来往往都是在讲道理、做评论、说形势、谈观点，但是它厉害就厉害在这里。软文不是广告，但却具有广告效果。软文在产品推广中的作用，其实就像现在电影和电视剧里的植入式广告，把产品推荐植入主体内容的讲述中，似乎是举了一个例子，讲了一个故事，写了一篇新闻稿，其实不经意间就把产品的广告做了，这种效果就是"做广告好像没有做"，就是润物细无声的效果。好像蚊子不会立刻吸血，而是会慢慢麻醉让你感到舒服后才采取行动。

1.1 软文是什么?

(1)软文是写给消费者的情书。

(2)软文就是以字传心,以文传情,用标题刺激眼球,用口号鼓动消费。

(3)软文就是用文字润物细无声,直逼客户心智最高梯队。

(4)软文就是把产品的诉求用文字表现出来,引起受众的共鸣。

(5)软文是关于产品最恰到好处的阐释,是关于欲望最心心相印的情话。

(6)软文就像水一样,水滴石穿,可以无坚不摧。软文是从重大的新闻报道中脱颖而出的信息内容,人们根据这种信息内容对自己的生活方式、工作方式和采购等行动做出指导和选择。

(7)软文就是洞察、清晰用户需求,结合用户心理创造出宣传企业品牌的文章,在文章中与消费者产生共鸣。

综上所述,其实软文没有确切的定义。因为有些软文用于曝光品牌或产品,只需要在文章中提及即可;有些软文用于推荐品牌或产品,需要详细介绍,需要通过故事带入;有些软文用于确立美誉度,需要一份貌似公允公正的行业调查报告;有些软文是用于企业危机公关,需要阐明事实,给公众一个合理的答复或致歉。

1.2 软文推广的九大优势

(1)性价比高:软文成本一般比硬性广告相对偏低,但也分渠道。企业新闻软文不像传统广告需要长期投入,软文一旦投放可以直接在新闻媒体网站上永久查看,可以长久地利用和操作。

(2)更具公信力:企业新闻软文可被搜索引擎秒收,当消费者想了解品牌或产品时,可在百度或其他引擎搜索到相关信息。新闻软文门户媒体的报道很好地提升了企业的形象和可信度。

（3）展示更全面：新闻文章可以将事件完整地报道、阐述，图文并茂，使得受众对事件信息能够进行全面、完整的了解。

（4）时效性高：在策划撰写一篇软文时，可以把最新发生的事件结合起来进行创作，使受众更有兴趣关注并可能被口碑传播。即使发布在非媒体平台上，同样会受到很多人的关注。广义上来讲，互联网的每一个网民都是自媒体。

（5）持续宣传：软文可以连续报道事件的发展进程，这样不仅能使受众完整、全面地了解事件内容，更主要的是使事件得到持续关注，在一个阶段内持续地灌输某一观点。例如城市里的雾霾很严重，媒体天天报道雾霾对人体的伤害，宣传的时间久了，人们从内心深处感到恐慌，争抢着购买口罩。这就是持续宣传的作用。

（6）多点传播：新闻易被转载，可进行二次或多次传播，可以通过操作和利用企业新闻软文进行二次营销。例如把发布到新闻门户媒体的软文链接到公司网站上，起到非常好的品牌烘托作用。此外，还可以把媒体的宣传报道截图，然后放在印刷品或者是宣传册上给客户看，增加权威性和品牌度。如果是宣传网站，企业新闻软文的报道不仅具有以上作用，更能优化网站相关关键字权重。

（7）受众广泛：软文非常贴近日常生活，同时又能调动起人们的情感，所以人们更愿意关注，受众更广泛。除了普通的消费者以外，投资者、媒体人、编辑等各行各业的人士都会被软文所吸引。

（8）保存价值：网络新闻可以简便、完整地长期保存，以便将来查阅所需。

（9）传播速度快：软文大多离不开事件，有许多公司在做软文推广时，会联系最新发生的事件，迅速地报道出来。这样一来，消费者会更有兴趣关注并迅速传播开来。

1.3 软文在营销中的地位

在新媒体时代，内容营销盛行，软文在内容营销中也有着重要的一席之地。软文营销是以吸引、留住客户或与之产生互动为目的，在新媒体平台发布和推广文章的行为。软文营销的核心是互惠互利的理念。当一家企业为消费者免费提供实用、信息量大或有趣的内容时，消费者可能会对该企业产生一种心理联系，通过影响潜在消费者，让他们未来有可能购买企业的产品或服务，所以软文在营销中还有如下地位。

1. 扩大企业品牌知名度

软文营销作为品牌传播的惯用手段，可以通过文字将产品以及品牌的信息传递给相应的目标群体，让消费者了解企业的品牌观，提升企业品牌的知名度。另外，大部分的软文都是通过网络媒体或自媒体平台所发布，不仅能够做到短时间的信息同步发布，而且还能覆盖大范围的人群，同时，这些平台自带的媒体属性也让企业的信息更具权威性。

因此，对于企业来说，软文营销是能够扩大企业品牌知名度、提升企业品牌形象的重要渠道，也是加强企业与消费者互动的重要方式。

2. 提升企业品牌竞争力

通过软文营销，企业可以发布公司的重大动态，例如融资信息、商会活动等，帮助企业树立一个高大的形象，提升企业品牌的竞争力；此外，一个企业如果经常发布软文，也会给合作公司树立一个安全可靠、有实力的品牌形象，更容易使合作伙伴产生信任感。

另外，企业信息如果经常出现在大众的视野中，也可以使员工产生荣誉感，鼓舞员工的士气，更有利于公司向心力的形成，促使公司的长远发展。

3．为企业新产品造势

软文营销不仅可以应用在企业的活动之后，而且还可以在新产品发布前为产品造势，引爆新产品。我们常在网络上看到一些产品尚在研发过程中，就开始通过一系列的新闻热点来宣传，为产品塑造一个"未见其面，先闻其声"的局面。例如，小米和锤子科技每当在新品发布之前就会通过大量的软文来预热，以促使消费者关注和购买。

1.4　软文在营销中的作用

（1）吸引关注，促进目标客户流量的导入，具有极强的广告效应。

（2）增强SEO（Search Engine Optimization，即搜索引擎优化）效果，增加网站流量，提高关键词SEO排名。

（3）软文能引导消费流行，潜移默化地影响消费者，提高转化率，吸引投资，提高企业销售业绩。

（4）辅助危机公关，快速反应，积极通过新闻发布和信息披露可以有效遏制负面信息的传播。

（5）增加目标客户认同，让消费者在内容中产生愉悦感，无形渗透消费者。

（6）抓取更多粉丝，培养消费者忠诚度，自带传播流量。

（7）树立企业形象，让企业成为消费者信任的公司。

1.5　软文的分类

软文虽然千变万化，但是万变不离其宗。绝大部分的软文一般都脱离不了以下五种类型：

1. 新闻稿软文

新闻稿软文是指企业向媒体主动提供的具有一定新闻价值的软文稿件。它具有新闻内容的及时性、独家发布的特点。新闻稿软文的传播效果是最好的，有一定影响力的新闻稿软文一般会优先在网站首页展示。

新闻稿软文通常包括最新产品和服务的推出，以及企业经营业绩、经营战略的宣布、技术研发与创新的发布，包括企业最新获得的奖项或认证、各类活动的举办等。平常在新浪、网易等门户网站上每天都会看到各类新闻，这其中，大部分就是以宣传某个品牌为主题的软文。

新闻稿软文的好处在于很隐蔽，产品信息具有很强的传播性。目前，各类专业性网站中的新闻稿软文多为产品软文。

2. 故事性软文

故事性软文是指通过讲一个完整的故事带出产品，通过产品的光环效应和神秘性给消费者心理造成强暗示，使销售成为必然。故事性软文最大的特点是能够很轻易地完成情感的表达，同时形成共鸣，让品牌走进消费者的内心。

每个企业都能发掘出"特殊人物"：英明的领导、杰出的科技人才、甚至看似平凡的普通员工，都有可能成为新闻报道中的企业形象代言人。例如大家耳熟能详的阿里巴巴马云的创业史、乔布斯和苹果的故事、淘宝草根的各种网上开店成功经历、李彦宏怎样创立百度的故事等。故事性软文主要发布在网络论坛及博客等互动性较强的地方，因为故事能引起话题的延伸，并能在讨论中重复传播。

3. 采访稿软文

这类软文主要是采用访谈录的形式，从各个方面来对某个产品或个人进行信息的挖掘。

4．评论性软文

评论性软文是指发表对企业新近发生的、有显著传播价值的新闻事件的看法或观点的文章。和新闻稿软文不同的是，评论性软文更侧重于提出观点，而不只是对某事件进行描述。

评论性软文不仅容易在博客上引起圈内人士的关注，也容易在行业网站及论坛上引发讨论。

5．其他形式软文

其他的软文就完全不拘泥于形式，为了某些目的而发布。例如促销式软文，就直接配合企业促销使用。一些简单的个人杂谈等都属于这类。

1.6 八种软文载体注意事项及特点分析

1.6.1 平面媒体软文营销

平面媒体主要指具有发行刊号的报纸、期刊。

目前新媒体的发展十分迅速，很多人将目光转移到了互联网上，认为传统的广告渠道已经被时代所抛弃，实则不然。传统媒体渠道，尤其是报纸软文，在广告行业的发展中起到了不可忽视的推动作用。

笔者认为，报纸软文主要以文字和图画为视觉刺激，既不像网络信息那样容易受到大众的质疑，也不像电视广告会受到时间的限制，因此平面软文在企业推广的渠道中仍有一席之地。

平面软文依托于纸媒，那么报纸到底有什么特点呢?在长期的报纸软文投放中，笔者总结出如下优势：

第一，覆盖面广，发行量大。很多报纸都是面向省市地区发行，覆盖面十分具有针对性，发行量大。

第二，读者广泛而稳定。一般来说，除了偶尔看报纸的流动读者外，大多数读者都是常年订阅报纸的。

第三，具有特殊的版面空间。大多数地方性报纸，都会分成数个类型不同的版面，这样也更利于软文为读者所接受。

第四，具备权威性。由于报纸是求真求实的产物，所刊登的信息向来容易被大众所接受和信任，很多人通过报纸软文来做品牌推广，正是看中了这一点。

第五，具备行业性。所谓的行业性，其实也是指受众的接受度，例如说科技类报纸，通常是电子通信企业品牌的选择，而消费类的报纸，则更容易被快消品品牌所接受。

当然，以上只是报纸软文显而易见的优势，综合大环境来说，报纸软文有时也会产生意想不到的效果，例如说会被网站采集。

目前多数网站没有采访权，所以一般都是采集信息来充盈网站内容，那么报纸上的这些原创信息，就成了一大来源，对于广告主们而言，等于不花钱就多了推广渠道，何乐而不为呢？

正是因为报纸软文有着其他渠道所无法比拟的优势和特点，所以即便是在新媒体冲击下的今天，报纸软文仍然具备一定的市场。

报纸软文以新闻类软文为主，大致可分为三类：

第一类是新闻通稿：新闻通稿是公关与营销界人士最耳熟能详的一个词。它来源于传统媒体，所以其写作形式也与传统媒体一样，分为消息稿和通讯稿。简单地说，消息稿就是对整件事进行简要而完整的说明，要包括整个事件；通讯稿则是对消息内容进行补充，可以是背景介绍，也可以是事件中的一些花絮、具体的人或故事等。新闻通稿涉及的技巧相对来说较少，基本上只要行文流畅、语言准确、层次清晰、逻辑性强，能把事情表述清楚、表达完整即可。

第二种则是新闻报道：即以媒体的口吻、新闻的手法对某件事情进行报道，甚至直接聘请真正的记者操刀。文章完成后，也会与正常的新闻报道一样，发布到相关媒体的新闻栏目。由于其夹杂在正常新闻中间，且完全用新闻体组织正文结构，让人防不胜防。对于非专业人士，根本无从分辨。

第三种是媒体访谈：相对于新闻通稿的公式化语言及新闻报道的说教式、单向灌输式内容而言，媒体访谈这种形式更容易让人接受。它由一般新闻的单向灌输向渗透式、感召式、互动式转变。企业与媒体通过访谈聊天的形式表达出来的内容和理念更具亲和力、吸引力和感染力，能够做到以理服人、以情动人。

1.6.2 博客中的软文营销

1. 博客营销的本质

博客营销的本质在于通过原创专业化内容进行知识分享，争夺话语权，建立起信任感与权威性，形成博客品牌，进而影响用户的思维和行为。

2. 博客营销的特点和优势

（1）细分程度高，用户精准：博客的主体通常都是个人，其主要体现的是一个人的兴趣、思想、观点、知识等。而由于每个人的喜好均不同，所以博客的细分程度非常高，具体的主题和内容千差万别。博客的主题定位越明确，吸引来的人群就越精准。所以博客营销是一种比较精准的营销方式。

（2）口碑好，可信度高：博客在网民中的口碑比较高，绝大多数网民宁愿相信博客发布的消息，也不相信商业网站发布的新闻。

（3）引导社会舆论，影响力大：博客是个人观点的表达，体现的是草根的力量。而随着互联网的普及与发展，这种草根力量越来越凸显，博客主渐渐成了网民们的"意见领袖"，引导着网民的舆论潮流。

（4）降低传播成本，性价比高：相对于其他营销方式来说，博客营销的成本非常低廉，甚至可以说是接近零成本。

（5）利于长远利益和培养忠实用户：想要形成博客品牌，进而影响用户的思维和行为，需要在长期执行过程中不断积累和沉淀。所以博客营销突出的是长期利益，其策略是通过长时间与用户互动交流，培养忠实用户，再运用口碑营销策略，激励忠实用户向他人做口碑宣传。

（6）角色的转变：传统模式，营销人员一直处于被动的地位，需要被动地依赖媒体；而有了博客后，营销人员终于可以脱离传统的束缚，拥有了主动权，可以变被动为主动地自主发布信息。

3. 做有效果的博客营销

在微博和微信兴起之前，博客曾占据了网络的半壁江山，在内容营销盛行的当下，博客具有自媒体性质的新型传播途径，并以新的方式迅速裂变。有价值的内容和博客营销策略，一样可以帮你吸引志同道合的人，帮助你与潜在客户建立信任关系。博客营销之所以有这样的效果，是由博客的特质决定的。网友在博客上可以自由地交流以及转载或评论，所以一个有价值的事件往往会在博客上引起巨大的反响，直到现在经久不衰。那么，如何做有效果的博客营销呢？

1）做好博客的定位

了解自己的兴趣、爱好和特长，明确博客今后的发展方向、目标群体及受众需求，这是博客营销的关键。

新浪博客作为中国最主流、人气最高的博客频道，拥有娱乐明星博客、名人博客、情感博客以及草根博客等。那些拥有一定人气的博客大多有着清晰的定位。

做好定位是博客营销的首要条件。假设你要开设一个营销培训的博客，所写的博文就必须和营销有关，不能今天写一篇娱乐点评，明天写一篇社会评论消息，后天写一篇文章读后心得，这样会给读者带来混乱的感觉。也许你想做一个包罗万象的博客，但是丰富的内容不一定能够给你带来稳定的读者群，自然也不能形成稳定的客户群。

2）起个醒目的标题

标题犹如一道美丽的风景线，它是博客营销成功的一大关键，有创意的标题更容易吸引读者的眼球，收获更多的点击率。

标题是文章的颜面，一定要记得把颜面修饰好，目的就是为了让读者阅读完全文。独一无二的标题更可以得到搜索引擎的青睐并为你带来更多的流量。

3）经常更新博文

经常更新博文是提升人气的一个重要途径。博客营销想要见效，想要成功，绝非一蹴而就，持之以恒地做到每日维护更新一篇博文，是博客营销中非常必需的一步。毅力可以产生动力，动力可以带来效力，坚持更新还能增加搜索引擎的友好度。很多做新媒体的朋友应该都知道，搜索引擎喜欢原创内容的文章，喜欢抓取之前所没有的文章，喜欢造访更新频繁的网站。

另外，坚持更新还可以增加博客主与读者之间的黏度，每日更新的博客必然会更容易受到读者朋友的喜爱，人气超高的博客，几乎都是每天更新的，这是一个不争的事实。

4）图文结合

图形的解释能力要比单纯的文字叙述强上百倍，因此在解释相对复杂的问题时，推荐大家辅以合适的流程框图进行说明，而且有图形点缀的文章要比单纯的文字更能吸引读者的注意。

5）广交人脉

认识更多的博客写手，与一些大型论坛及网站的版主、管理员、编辑打交道，交流学习心得，彼此之间的友谊和信任会不断攀升。

一些高人气博客的读者大多都是博主的朋友，而他们很多也是从陌生人开始，通过相互阅读对方的博文，相互交流沟通慢慢认识的。网络营销、博客营销靠的就是人际关系。每个网站都有排名靠前的明星博客，他们有很高的点击量。可以和这些博客多做互动，例如经常转载、评论别人的博文，或者在他们的博客上跟帖等，这样也能为自己带来点击量。

6）关注互联网热点

每日登录各大博客、门户网站、社区论坛查看新闻热点，登录搜索引擎查看热门关键词。结合新闻热点和热门关键词去写博文，可以提高博客营销的成功率，一方面可以优化某个关键词让搜索引擎抓取，并取得较好的名字；另一方面是为了迎合网民读者的需求，写热门话题能够给人一种与时俱进的感觉，热点话题正是网友们在一段时期内最关注的，多写这些话题能够快速吸引眼球。如果长时间写这类话题，你可能觉得表达自我的乐趣会减少，而且你也不可能对每件事都有足够的热情，所以这一点也不太容易做到。

7）博客也需要优化

同搜索引擎一样，博客也需要进行优化。

为什么呢？答案很简单，为了让更多的人看你的博客。博客的主要构成部分是内容，所以内容肯定是最重要的，这也是SEO圈内流行的"内容为王"这一说法的原因，而SEO则是其辅助手段。

8）优化博客的名称

博客的名称非常重要，一个定位清晰、特色鲜明的名称能够给人以良好的印象。俗话说"良好的开端等于成功的一半"，做博客也是一样，博客名称的优化能够帮助我们进行SEO优化。

有一点需要注意，在写博文的时候，系统会让我们添加标签，这个标签就是博客的关键词。当别人搜索这个标签的时候，就很有可能链接到你的博客。所以在设置标签的时候，可以将内容的关键词添加进去。

9）交换链接

有很多博客首页都堆置了一些链接，这些链接大致可分为两种：一种是商业化的链接，你链别人，而别人不一定链你，这种链接可以通过支付酬劳购买；另一种是纯属个人喜好和感兴趣的链接，你链别人，而别人也链你的相互链接。

如果你的博客链接出现在同类型的相关博客首页，这样可以体现自身博客的价值，被链的次数越多越好，其链接的PR值（Page Rank，网页级别）越高越好，内容越相关越好。

10）在同类型的博客留言、评论

这是一些新博客、新站常用的小技巧，很多高PR值的博客通常会出现很多类似广告的留言和评论，其做法是正确的。

但如果使用了博客营销软件（如博客留言、评论群发器），那样的做法会令很多博主反感，链接可能就会被删除。而不借助任何软件，手动去留言，阅读同类博客文章后在评论区作个简短的点评，再加个链接，那么博主看到也不会删，这样更友好。

你的利益同盟=你感兴趣的同盟+对你感兴趣的同盟，利益是相互的，在同类型的博客中留言、评论可以让这些博客写手以及读者了解你，甚至对你感兴趣，从而成为你的同盟。

11）提升博客关键词的排名

提升博客关键词的排名，其实也是搜索引擎优化的一个方面，只是在具体操作的过程中，要根据博客的实际情形做适当的改动。下面就以新浪博客为例，讨论一下怎样提升博客的关键词排名。

确定博客的昵称、域名名称、主题、标题、描述、标签的时候，要围绕着关键词进行。在设置这些内容的时候，最好使用简短的品牌名称，因为品牌名称本身就是独一无二的。

博文的标题和正文符合关键词密度，图文并茂。文章的标题要含有关键词或长尾关键词，正文的关键词或长尾关键词的密度是10～15个/千字。对于图片的要求，其数量要根据内容来定。

12）篇幅适宜

在撰写博文中要注意控制文章的长度，太短的博文会让人觉得对问题的解释描述不够充分，价值不大；但篇幅也不宜过长。如果一个问题用一篇博文解释不清，那就写两篇，并且当文章字数较多时一定要配一些图形说明。

13）坚持原创

什么是原创？原创又分为几个等级呢？很多人最乐意做的，一定是复制别人的文章，为什么呢？因为自己写文章有困难呀！复制别人的文章只需几秒钟的时间。可是这种方法现在并不好用了，尤其是在微信朋友圈被铺天盖地的"心灵鸡汤"和"微商广告"狂轰滥炸之后，人们对复制来的文章已经没有那样浓烈的兴趣了。如果你的博客列表上全是转载的文章，一定会降低读者的阅读兴趣。所以，要想长久地经营博客，必须坚持原创。

14）格式要规范

写博客不是写论文，没必要对格式进行过于严格的要求，但是基本的排版规则还是应该遵守。博客在排版过程中主要涉及字体、缩进以及行间距的调整。选择一种大小合适的字体，每段起始都缩进一定量字符，并且保证各行间距的统一。在写完博文之后花几分钟调整一下格式，会使文章焕然一新，毕竟文字这种东西，格式相对规范，看起来就像一门艺术。

完成以上几点要求之后，剩下的就是"养"了。前期新建的博文发布之后，往往要过一段时间才会被收录，这时不用着急，不要堆积垃圾文章，要在保质的前提下确保数量。如果建好博客之后马上添加链接，博文的收录速度会更慢，甚至不被收录。等到能够添加链接的时候，也要注意外链的形式，确保多样化。例如可以是你的多个主关键词或内页长尾词（外链也可以直接以URL的形式呈现）。在博客养起来之后，可以适当加上自己网站的友情链接。

养博客的关键在于持之以恒，半途而废肯定会减少博客的人气。运营博客的时间根据自己的营销而定，每天把在自己网站发表后收录的文章再在博客上发表，源源不断的外链就来了，这个时候营销效果也随之而来。

1.6.3 微博中的软文营销

目前比较火爆的微博平台有新浪微博、腾讯微博、搜狐微博、网易微博。而新浪微博与腾讯微博活跃度一直靠前，各有其庞大的用户群。普通人很难有精力开设多个微博，所以选择一个合适的平台进行营销和推广也是重要的一环。

- 选择传播能量最大的——新浪微博。
- 选择真实用户最多的——腾讯微博。
- 选择文艺青年最爱的——网易微博。
- 选择话题最多、写手最配的——搜狐微博。

1. 微博的特点

1）即时性

微博是基于关系信息分享、传播以及获取的平台，用户可以通过WEB、WAP等各种客户端组建社区，以140字的新浪微博（会员可发送超过140字的微博，具体以最新发布版本为准）、140字的腾讯微博（可与QQ无缝对接）、163字的网易微博、不限字数的搜狐微博更新信息，并实现即时分享。微博作为一种分享和交流平台，其更注重时效性和随意性，更能表达出每时每刻的思想和最新动态。

2）传播力强

微博具有交互性和多媒体性的特点，可以添加文字、图片、动图、声音、视频、网址等，它给广告人提供了无限的创意空间，既可以选择一般印刷媒体所采用的文图混编模式；也可以通过动画演示像电视媒体一样借助生动的画面来吸引受众；还可以加入音乐，将受众的听觉积极调动起来。一条微博发出后，短时间内就可能被粉丝转发至微博及新媒体的每个角落，瞬间进入热搜和头条。

3）精准度高

对于微博来说，如何提高广告的精准度和品质，在商业化与用户价值之间找到平衡，依然是最大的挑战。这也是所有互联网公司共同面临的挑战。

长久以来，微博的商业用户关心的问题一直未变：如何挣钱。2012年微博比较风光，大家兴趣很大。到2013年，大家可能觉得没法从微博挣到钱。但是从2015年至今，大家又觉得微博很不错，因为微博可以将内容直接传播到企业的目标客户，企业和用户可以在线沟通，第一时间接受客户反馈，基本上面对的都是精准消费群体。

2．微博推广要点

1）官方认证

认证意味着官方、权威，使受众更加信任，加V用户还有可能得到新浪推荐，甚至出现在新用户注册微博时推荐的默认关注用户中，这样会得到一些稳定的粉丝。

目前新浪微博有三种认证方式：个人认证、官方认证和自媒体认证，如图1-1所示。

图 1-1　新浪微博的三种认证方式

个人认证就是自己的职业认证，一般用公司的工牌等就可以认证了（还需要两位橙V好友转发）；

官方认证一般就是企业、组织认证；

自媒体认证有两种：一种是普通自媒体认证，还有一种是签约自媒体，签约自媒体认证比较困难，需要每月阅读量达到100万。普通认证会简单很多，只要发布5篇头条文章或10条视频再加上个人认证就可以了（不过要注意文章或视频质量，太差可能无法通过）。

2）其他平台联合认证

如果你不想官方认证，想打造个人IP，但个人认证基本都要和公司职业挂钩，那怎么办呢？自媒体认证的前提也需要个人认证。

假如你有这样的问题，推荐给大家三条路径：

路径一：通过豆瓣阅读认证微博

豆瓣阅读提供了以作者身份进行的微博加V认证，登录豆瓣个人账号后，输入以下申请地址：

https://read.douban.com/submit/weibo_verify/?icn=index-weibo-v，即可出现如图1-2所示的页面，进行认证。

图 1-2　豆瓣阅读作者微博加 V 申请页面

路径二：在简书认证

简书也发起了新浪微博的联合认证，登录简书个人账号后，输入以下申请地址：http://www.jianshu.com/settings/weibo-auth。

也可以在主页单击个人头像下的设置，再进入微博认证。如图 1-3 所示，能看到有两种简书认证的资格，一个是简书推荐作者，一个是简书专题运营，有的微博认证的是简书签约作者。

图 1-3　简书新浪微博联合认证页面

路径三：中关村Z神通联盟达人

针对技术发烧友，中关村在线也推出了新浪微博联合认证，申请地址为http://bbs.zol.com.cn/vip/join.html，打开后会出现如图1-4所示的页面。

图 1-4　中关村 Z 神通联盟申请页面

在这里发布的文章都必须是关于技术和软件开发类的，所以假如你是技术达人或者软件达人，可以去看看。

3．涨粉方法

（1）邀约好友：除了自己通过短信告知、邮件邀约、1M通报和口头通知，新浪微博顶部的"找人"工具提供寻找开通MSN、邮箱以及输入了公司、学校相关信息的好友，这是找到亲友圈互粉的有效方法。

（2）主动关注：主动关注和你同城、同领域、同职业的微博，当别人发现有新增粉丝时，如果你的头像或简介吸引了他，对方也会反过来关注你。

（3）个人标识：在你的博客或论坛个人主页的签名处、个人名片或个人介绍页留下微博名称。

（4）相互推荐：如果你有自己的社群圈子，可以发起一些推荐关注的微博集合，这种微博容易互动转发，不会引起被@的好友的反感。

（5）名人转发：即使你写了一条好微博，关注的人寥寥无几也不会很有效果。但是，如果你有名人朋友帮你转发一条，一天便可吸粉过千。

（6）微博活动：浏览微博时经常看到有人在办有奖转发活动，其中一个条件就是"关注并转发本微博@3位好友"。

（7）借势推广：如果你在其他网络媒体运营得还不错，也可以将你的微博名称作为关键词和长尾词进行曝光吸引受众。

4．图文并茂

发布博文的时候，附上一张图片，因为图文并茂会使形象提升。图片上打水印，利于微博推广。

5．及时评论

在新浪微博评论的5个新增功能中，最受关注的是"博主可翻牌"和"评论大图"。微博官方表示，新版评论中，被博主回复或者点赞的评论，除了排序提前之外，在样式上也会突出展示。评论图片在列表中也将放大显示，不用手动点开，自动浏览大图。微博这次的新增功能，无一例外都是为了增强社交互动和用户体验。"默认按热度排序、博主可'翻牌'、二级评论"能够提高活跃度，增强微博的社交属性；"评论大图、消息箱评论定位"则是微博为了提高用户体验的专门设计，所以评论回复时应注意语言的趣味性、生动性、礼仪性，避免对骂、互撕，言多必失，一句话说错了，一万句也公关不了，这是得不偿失事情。

6．公益活动转发和支持

努力传播公益，多对公益慈善的活动进行转发或支持，不管是对于提升个人或公司的形象，还是增加粉丝数，或提高软文销售力都大有帮助，正能量一直是这个时代的主旋律。

7．善用私信

说到底，想要依靠社交渠道获取流量，最终还是要做到互动与信任。有了亲切感，有了互动，才能有最终的信任，才能有进一步发展为商机的可能。所以有时间，多与关注者和被关注者进行一些私信交流。

8．多设话题

能够引发讨论和转发的微博都是话题，可以把话题关键词输入到两个"#"之间，引发更多人的注意。常见的微博话题有：时事新闻、科技新发展、财经新动向、微话题、热搜榜、旅游好去处、热点书评影评、网络流行体、流行轻音乐、幽默段子、名人轶事、生活小常识、工作随感、明星八卦、亲情生活秀、国际大事、军事动向、健康养生、各种假日话题等，注意掌握比例，这能给你找不到话题时提供素材。

9．文案发布八步曲

（1）别太急！在没有运营好微博之前，请先别直白告诉别人你在卖什么；

（2）别钓鱼！在你没成为大咖之前，没有人对你的神秘奖品感兴趣；

（3）别复杂！要让别人清晰产品的性价比，知道这些钱花得值不值；

（4）别频繁！不要在文案中频繁插入链接，尽量每周一次；

（5）别草率！微博文案要字字珠玑，反复思量，检查无误后发布；

（6）别骚扰！对于你要求助的人，别直接@他，请私信求助；

（7）别低调！要让别人一眼看到你的头衔和权威；

（8）别无用！配图必须抢眼球，对文案起到强有力的辅助作用。

10．发布时间

企业如何使用新浪微博，是很多朋友希望了解的问题。此次新浪微博商务部企业研究小组针对这一问题对企业微博做了一些研究，针对企业微博总体和一些特定行业的发布规律进行了一定的总结和整理，提出了对企业的微博发布建议。

研究涉及的企业整体样本量有120多个，各行业样本量在40～60个之间，数据采集区间为2个月。研究结论如下：

1）企业微博整体发布规律

（1）企业青睐周一，但用户在周三、周四更活跃。

周一、周二反应冷淡：用户往往面临比较大的工作压力，心理处于紧张期，对于企业微博的反馈并不是非常积极。

周三、周四互动最集中：用户进入一周的稳定期，对于微博的反馈积极性有明显的提高。但是企业目前对于这两天的利用不足，发博比例偏低。

周五、周六、周日用户更活跃：用户处于对周末的期待中，相对于评论而言，更乐意进行简单的转发。

（2）工作日下班后的时间段（18～23点）营销价值大，企业需关注。

上午9～11点、下午14～15点互动性不高：企业发博量非常集中，但此时用户多忙于工作，参与度并不高。

晚间18～23点用户互动的热情高涨：这个时间段企业微博发布的内容量急剧减少，所以18～23点是企业可开发的时间段。

（3）企业应利用好周末午饭和晚饭前后的零碎时间段。

周末午饭后（13～14点）和晚饭前后（17～20点）的用户互动更加积极：这两个时间段用户转发和评论都比较积极，周末的23点之后仍是用户积极互动的时间。由于周末休息较晚，23点之后企业微博仍然可以获得较多的用户反馈。

2）教育企业微博发布规律

（1）加强利用周三、周四的高反馈区间。

周三、周四用户更加活跃：由于教育类企业受众的特性，周三、周四是活跃的时期。

周日、周一用户反应平淡：周日用户面临准备上学或者上班的压力，与教育类账号互动较少。而周一的忙碌也造成用户的互动性较低。

（2）工作日晚间时段利用不足。

白天发博集中但互动效果不强：教育类企业特别偏好在白天发博，尤其是早间9点和下午14点刚上班的时间段，但由于用户处于学习或工作中，反馈的效果不好。

17～23点用户互动强烈：17点之后教育类微博的受众放学或下班，有比较强烈的互动欲望。但企业却较少发布内容，这段时间须重点利用。

（3）周末下午17点被过度开发。

下午17点微博发布过于集中，开发过度：虽然下午17点左右用户反馈效果较好，但企业在该时间段的发博过于集中，单条效率不高。

周末互动情况比较分散，夜间互动更强：周末由于用户作息时间变化等原因，互动普遍不是很高且较分散。14点、19点和21点到凌晨2点互动性较高，可供开发。

3）网购企业微博发布规律

（1）周四是网购企业的黄金时间点。

周四互动性最强：用户在周四对于网购类微博的互动热情尤为高涨，可能是受即将到来的周末的刺激。

周一到周三用户不够活跃：建议企业在周四进行更多的营销活动，将前半周的发博量转移一部分到后半周。

（2）工作日午间网购信息得到更多关注。

13～15点用户更关心网购企业发布的信息：午休是工作中的用户休闲的时间，对网购信息比较关注。

10～11点，用户忙于工作无暇留意网购信息：企业发微博的重心在上午10～11点，这个时间段用户往往忙于工作，无心关注网购。

（3）周末中午和夜间的高峰期均有待开发。

午间的互动高峰提前到12～13点：周末的午间同样是一个互动高峰期，但出现得更早，在12～13点期间。

凌晨12点网购热情再次点燃：凌晨12点的高峰期反馈量也与午间相当。

企业应把握这两个时段：但这两个高峰期间，企业的发微博量均较低，潜力有待开发。

4）汽车企业微博发布规律

（1）周四营销效果特别好。

周四用户反映热烈：汽车企业微博在周四的反馈效果显著高于每周其他时间段。

（2）工作日18点后进入反馈高峰期。

18点以后进入用户反馈高峰期：自18点后，汽车企业的发博量逐渐减少，而此时用户的互动积极性正进入一天的高峰期。企业需要将上午的发博量调整到下午及晚间。

汽车用户夜晚保持较高活跃度：用户从18点到凌晨都还有较高的互动性，这是和其他行业不一样的地方。

（3）周末下午18～20点利用不足。

晚间18点～凌晨2点用户反馈较高：但企业发博比例低，反馈效率可以进一步挖掘。

下午时光可以更好地利用：15～17点用户有较好反馈，是周末可待开发的时间段，转移平时的发布压力。

5）地方商户微博发布规律

（1）网友在周末的时候更加需要地方商户的信息。

企业目前意识较薄弱：目前企业还是将更多的精力放在了工作日。周末的价值需要引起地方商户类企业的重视。

（2）周末商家应该关注19点之后的互动。

晚19点后用户的互动热情进入高峰期：一直持续到零点左右。商家应该更好地利用这个时间段。

6）金融企业微博发布规律

（1）周二和周四分别是评论和转发的高峰期。

金融类企业目前发博分布比较合理，基本和用户行为相匹配。

周二和周四分别是评论和转发的高峰期：企业可以适当将周五的发博转移到周四。

（2）工作日上午10～11点用户最活跃。

上午10～11点是全天用户互动倾向最高的时间段：企业应重视这个时段的更新和维护。

金融类企业可以将上午9点和下午15点的发博适当后延：能够更好地发动用户参与互动。

（3）周末15点的利用不足。

11．常用的5种微博软文

微博软文写法可以分为广告式、分享式、炒作式、创意式和干货式，这5种方式以分享式微博软文写法最为简单，广告式微博软文最为复杂，当然从欢迎和转发程度来看，创意式是最受关注、转发次数最多的。

（1）广告式微博软文：这种软文常见于各商家的官方微博中，它是站在商家的角度，以广告来宣传商家最新推出的产品或最新推出的活动。由于商家官方微博的粉丝基本上是购买过商家的产品或是潜在的购买者，因此这种方式还是能受到粉丝关注的，但是转发率不大。

（2）分享式微博软文：与上一种方式不同的是，这种软文一般是站在第三方角度，通过分享的方式来宣传某件商品，这有点类似论坛软文的操作方法。例如网友匠人派在微博上发了一篇"最近购买了独具匠心的好产品，用了之后效果很好，大家也可以试试！单击链接可以购买。"这个软文看上去虽然像广告，但是微博的分享属性决定了这类内容是很受欢迎的。

（3）炒作式微博软文：这类软文通过挑衅的方式，甚至是对骂的方式来提高网友的关注，引起网友对微博的转发，最终达到扩大传播的目的，对于此类软文，没有一定的驾驭能力应慎用。

（4）创意式微博软文：这类微博软文一般具有新鲜、有趣、好玩的特点，一眼看上去不像广告，更像是一则笑话，或者是一篇微型小说。这类软文的关注度非常高，而且网友都乐意转发。

（5）干货式微博软文：例如匠人派发了一篇"#如何成为文案高手#18般武艺已全部发布@微盘分享的地址"的微博，此类软文一定要有料、有货、有价值，如微商文案写作教程等。

1.6.4 微信中的软文营销

微信营销是指企业或商家利用微信平台，通过向用户传递有价值的信息实现品牌力强化或产品、服务销量增长的一种营销策略。互联网+营销，是目前的一个热点，其本质就是构建社会化媒体平台，开展营销活动，微信营销则是其中一种重要方式，微信的强制推送功能使得信息能够百分之百地传达给目标受众。当下微信已经成为人们离不开的一个软件，从安卓平台到IOS平台再到WP平台，微信依旧保持着不断更新，这也可以看出用户的依赖性和长期的使用习惯。再加上植根于微信的朋友圈，使得信息传播的速度要远远高于其他媒介，微信营销这种极具商业化的手段也正是在这样庞大的基础下才露出獠牙。在最新更新的版本中可以看到微信已经整合了朋友圈、扫一扫、摇一摇、搜一搜、看一看、附近的人、购物、游戏、小程序等功能和其他一些服务，直到今天微信还在不断完善着自己的功能，同时成功提高了自己的商业价值。如今近3000万人作为微商在朋友圈营销，截至2016年12月微信用户有8.89亿，微信公众平台有1000万个，微信的用户已覆盖90%的智能手机使用者，这也是很多企业和个人在微信营销的领域上赚得盆满钵满的主要原因。

1. 微信营销的方式

（1）自媒体运营：自媒体人根据自己的兴趣和特长撰写内容，然后通过内容推送吸引更多人关注，定时或不定时推送粉丝喜欢的内容增加用户黏度，进而进行变现。

（2）直发：在拥有庞大粉丝的微信平台撰写内容直接发布。

（3）二维码：将二维码应用在各种新媒体上，用户可以通过扫一扫来关注企业的微信，再进行养粉，通过推送内容从而达到微信营销的目的。

（4）打通链接：通过开通微网站或者微店，用腾讯微博、兴趣部落、企鹅自媒体平台无缝对接，互相借力，以微信作为鱼塘，最终实现收网变现。

2．微信营销推广分析

1）周期长

微信软文营销适合任何企业和个人。相对来说，知名度较高的企业或拥有众多粉丝的自媒体运营者所取得的效果会更好一些，毕竟微信的运营基础就需要大量真实的粉丝，而真实的粉丝来源需要这个品牌或这个人有相当的知名度或有一定的影响力。而对于新注册的微信号、新企业、新品牌，关注的人相对较少，微信软文的营销能力就相对薄弱一些，所以刚开始运营就想取得一定的效果很难，必须用长期经营的思路来运营它，而不是采用传统营销那种活动式的、谋求短期爆发的脉冲式运营思路。一个用户一旦关注了你的公众号，那起码说明他对内容有一定兴趣，否则也不会付出扫描、手动输入账号这样的成本。这是对于用户的一次筛选，沉淀下来的都是忠诚用户，他们的数量本身就是少的，是不能和微博粉丝数进行横向比较的。微信订阅用户数，最好和所能提供的服务相匹配，否则就应该放慢速度了。

2）内容是关键

微信最应该注意的便是优化软文内容，即对谁说（向谁推广）、说什么（推广什么）、如何说（怎么推广）、何地说（在哪儿推广）、何时说（什么时候推广），所以说微信营销者要清楚自己所营销的对象是谁，而他们经常阅读的时间地点以及喜欢的内容是什么，最重要的是以怎样的形式去呈现，即使是微信营销依然要把握客户的需求，而不是将需要营销的内容一股脑地堆到客户眼前，这样反而会让客户心生反感，所以新颖、定制的内容才是微信营销需要注意的。

微信是一种功能还在不断开发的新媒体，显然不能仅仅从传播的角度出发来运营它，不是随便拼凑一些文章、图片就结束了。应该充分利用微信的文字、图像、视频传递功能，为用户制订专属原创或优质内容，这种有针对性的内容一方面可以让用户觉得自己很特别、很受重视，有一种心理上的愉悦，另一方面可以让用户觉得信息的确与自己相关，从而提高对信息乃至品牌的接受度。由此可见，企业在利用微信营销时，一定要明确微信不是一个简单的广告投放器，要认识用户的敏感性和微信功能的巨大潜能，要求企业对内容和形式要进行认真的挖掘与策划。

3）定位要精准

在微信营销中千万别说你的产品和内容面对所有人，没有准确用户定位的产品要么本身太平庸没有卖点，要么就是市场竞争大、利润所剩无几的大众产品。所以每个品牌推广人都应该对自己的产品做一个细致的微信用户分析，确定自己应该跟谁玩。这个分析跟线下开店的市场调研相类似，就是要了解目标客户的地域分布、消费习惯、工作收入、年龄范围、兴趣爱好及生活场景等等。

4）微信具备服务平台的功能

微信还可以成为企业的服务平台、O2O平台、客户关系管理数据库等。微信的即时通讯功能为企业进行售前、售后的咨询与服务提供了很好的帮助，微信提供的文字、语音、图片、视频、多人通话等丰富功能，更能满足用户想要获得清楚明了的帮助的需求。同时费用低廉，对企业和用户双方都是一个很好的选择。线上线下相结合的O2O模式也可通过微信平台得到很好的应用。

5）多个媒体投放内容共同作战

微信在到达率方面确实无人能及，但那是对于已经订阅的用户来说的，如果要发展新的订阅用户，那很抱歉，微信并不提供这样的服务。因此，要做好微信营销的前提是，得先通过其他的媒体渠道来给微信引流。核心思路就是一句话：在所有可能的地方展示你的二维码和微信号。例如说在你的产品包装上、广告上、官方网站上、微博上，通通都写上微信订阅的办法。

6）互动十分重要

微信的互动性在沟通中蕴藏着巨大潜力，因为好创意能够创造高访问率，特别是优秀的用户体验能够驱动用户与用户之间的信息传递，所以微信创意要从考虑能否通过互动性给用户留下深刻印象入手，这一点"举才网络微信"堪称典范。个性化互动形式提高了用户体验，大大拉近了品牌与用户的距离，用户回复的内容代表着更精确的用户兴趣方向，这更是难得的资源。

7）推送时间要规律

做SEO的人也知道网站能够持续有规律地更新会博得搜索引擎的欢心，微信推送直接面对的是人，更加需要有章可循，尤其对于忠实粉丝更是有这样的要求。微信推送时间应该相对固定，才能在粉丝脑中留下一点记忆，尤其是那些忠实粉丝，甚至已经形成每天在某个时间段阅读你的信息的习惯。反过来，推送时间一天一变很难笼络忠实粉丝。罗辑思维的罗胖每天发送60秒的微信语音，同一时间天天如此。每天一条不是很麻烦，但是要做到每天坚持也不是件容易的事情。对于有少许粉丝基础的账户，不能做到每天坚持推送，三天打鱼两天晒网，粉丝基础就会慢慢瓦解。每一个品牌印象的形成都应该有一个"脑白金式"的狂轰滥炸过程。

3．微信软文撰写的7个基本要求

1）撰写软文内容要有价值、有共鸣、有感觉，满足用户求知欲

读者其实都很喜欢学习掌握更多有价值、有权威、有实用性的知识，不要毫无根据地瞎编乱造，为吸引眼球践踏营销底线。记住只要找到受众的知识需求点，然后提供相关的有价值的知识内容，就能满足客户的求知欲望。

2）结合娱乐内容，互动缩短与粉丝的距离，引起用户的兴趣

娱乐体验是人的天性，读者们在工作之余当然也喜欢有意思的东西。在

微信营销中，根据自己的产品特色，挖掘产品的娱乐特性或营造愉悦的客户体验，都是"绑"住客户的方法。因为每个人都对新鲜事物、热点事件保持着好奇心和关注度，营销中，挖掘行业、企业、产品中未发现的新鲜点、热点，然后针对这些点制订具体的营销传播策略，通过这种方法不但可以快速吸引到粉丝的目光，还可能让自己的公众号一举得名，实现名利双收。

3）采用图文结合的形式

如果不是干货，干巴巴的文字很难让读者有看下去的欲望，用户在碎片化的时间里根本没有耐心消化太多的文字，而且文字给人传达的信息不及一张简单的插图直观。图片包括图表、表格、图解等，尤其是图文解说的形式，不仅在视觉上让用户觉得这是一个好作品，在用户阅读体验上也具备核心竞争力。应该通过图文解说的形式增加读者的停留时间和品牌美誉度。

4）制图水平一流，配色美轮美奂，字体颜色、大小适于手机观看

精美的图片可为微信软文锦上添花。一篇成功的微信软文离不开精美图片的配合，基于时事新闻，将内容和图片合理地分布在文章内，会为软文增色不少。同时，也要注意软文的字体颜色、大小应适于手机观看，为用户着想。

5）营造微信情感氛围，提高品牌亲和力

在微信营销中提供物质和精神奖励，一直是获取客户关注及参与的有效策略。持续的有奖活动，以及各式各样的客户回馈活动，都能让客户更忠诚于你的品牌，持续活跃在微信中。微信不只是向用户介绍产品与服务的广告端，也是与用户进行情感沟通的一种方式。在微信中营造情感氛围能够使用户找到情感寄托，在心理上产生共鸣，进而激起用户的向往，对商品与服务产生兴趣，达到"四两拨千斤"的效果。将情感融入微信创意，使信息中洋溢着贴心的关怀，既新鲜、亲切，又能提升企业在用户心目中的印象。

1.6.5 网站长软文营销

网站长软文是以互联网作为传播渠道，主要以篇幅较长的文章为载体的一种宣传方式。

1. 网站长软文营销的五大特点

1）网站软文流量来源广

互联网信息的传递范围是目前最广泛的，因为互联网每时每刻都在无限量地增加内容，只要能把软文撰写好并在优质平台发布，那么你所写的信息就能被成千上万的人阅读到，同时在发布软文的时候就可以把一些行动目标植入其中，来获取更多的网站点击率。

2）网站软文能提高网站排名

搜索引擎比较重视软文，软文有着和新闻一样的重要性，所以很多人在写软文的时候起初都会把一些竞争不大的词插入软文当中，这样对关键词的排名是有很大帮助的，当然在后期就可以在标题或者描述中插入竞争大的关键词。这样就能让你的关键词更有力地被搜索引擎收录和排名。

3）网站软文可信度高

官网和其他平台信息相比更具权威性。例如与企业在分类网站发布一条产品信息、在博客网站发布一篇博文、在论坛社区发布一篇产品软文相比，官网上的信息更具可信度与代表性。作为产品或者服务的背后力量，提供服务者本身对消费者更具有信服力。通过官网，消费者可以更全面地了解企业、产品的实质信息。

4）网站软文能增强网站口碑

通过门户网站发布软文，合理有效地向网民定向传播品牌信息，门户的权威性不言而喻。以门户的公信力作为支撑点，逐渐提高企业品牌的知名度、好感度、忠诚度。软文就是用较少的投入吸引潜在消费者的眼球，增强产品销售力,提高产品美誉度,提升网站的品牌度。在软文潜移默化的影响下,达到产品的策略性战术目的,引导消费群购买。

5)网站软文覆盖范围广

网站软文的覆盖范围相较传统媒体而言,的确比较广。首先,它是没有地域性限制的,无论身在何处,都能够访问其站点;其次,它具有留存性,比起电视一闪而逝的画面和广播的声音,它的信息是能够进行长期保存的。

2. 网站营销软文撰写的基本方法

什么是好的网站软文?有效软文最重要的一点就是要具备说服力。说服力是指软文创作者运用各种可能的撰写技巧用文字说服受众的能力。软文的说服力,简单地说就是如何让读者信服软文中的观点,如何服从软文的行动目标。攻击消费者的心是成功之道。营销大师特劳特说过:"消费者的心是营销的终极战场。"

1)寻找合适的卖点

软文营销的核心在于卖点的清晰呈现,就拿针对A5站长网的软文写作来分析,很多写手可能认为只要撰写符合有关站长方面的内容,然后再在文章的底部加上相关的文本链接就可以了,这种形式笔者认为仅仅是初级入门的阶段,网站内容的合理布局是非常关键的,如果你运营的是减肥产品网站,却要到A5上发布互联网资讯类文章,就显得八竿子打不着,不利于自己网站的推广;如果你运营的是人才类网站,那么分享一些资讯类、网站运营和搜索的文章就显得很重要了,这实际上就是你网站的卖点。

只有你将这些知识说透,然后让别人进一步了解你网站的结构和内容,从而分析你的网站来进一步验证你的文章,这样才能够有助于吸引用户的浏览,给你网站带来流量。对于百度而言,也会认为网站内容存在一定的相关性,所以也会进一步给你带来高权重。关于如何找到最佳的合适的卖点和痛点，笔者提供四个维度，以供在撰写软文中灵活运用。

（1）安全感：人是趋利避害的，内心的安全感是最基本的需求，把产品的功能感和安全感结合起来，是说服客户的有效方式。从安全感出发可以正着来，也可以反着来。曾经的一句"不要让孩子输在起跑线上"的文案让无数父母在儿童教育上痛快地掏出了"银子"。

（2）价值感：得到别人的认可是一种自我价值实现的满足感。将产品与实现个人价值感结合起来可以打动客户。脑白金打动消费者的恰恰是满足了他们孝敬父母的价值感。

（3）支配感："我的地盘我做主"，每个人都希望表现出自己的支配权利。支配感不仅是对自己生活的一种掌控，也是源于对生活的自信，更是软文要考虑的出发点。曾经有这样一个案例：一位先生领着太太来到一家珠宝店，太太轻声叫起来，原来她发现了一枚很大的钻戒，非常漂亮。两个人欣赏完这枚价值不菲的钻戒，先生的脸上微有难色。销售人员很轻快地报了价，紧接着说："这枚钻戒当年曾经被某大国的总理夫人看中，只是因为有点贵他们没有买。""是么？"那位先生的眼睛立刻睁大了，"竟然有这样的事情？"先生问。销售人员简单地讲了那天总理夫妇来店的情景，先生饶有兴趣地听完，脸上的难色一扫而空，又问了几个问题，很痛快地买下了这枚钻戒，脸上尽是得意之色。这就是运用人对财富的支配感来说服客户的例子。

（4）归属感：归属感实际上就是标签，你是哪类人？是时尚青年、成功人士，还是小资派？而每个标签下的人都有一定特色的生活方式，他们使用的商品、他们的消费品都要表现出一定的亚文化特征。运用归属感来说服消费者，关键是要把产品和消费者所推崇的群体结合起来，例如对追求时尚的青年，销售汽车的软文可以写："这款汽车时尚、动感，改装也方便，是玩车一族的首选。"对于成功人士或追求成功的人士可以写："这款车稳重、大方，开出去见客户、谈事情比较得体，也有面子。"

2）注重写作技巧

软文的写作形式分为硬性软文和软性软文，由于百度算法对于硬性软文的打击非常严重，所以现在要想发挥出软文的作用就要重点去写软性软文，而软性软文写作的关键就是让别人能够感受到你销售或者营销的产品好，但是又不能够感觉这是明显的广告。这就要求作者具有一定的语言掌控能力。广告的引入要有一定的伏笔和铺垫，不要在文章的标题上立刻就写"最优秀、全球最佳"等明显的广告词，而是通过行业分析，然后引入相关产品分析，最后点出核心的广告内容，这种过渡性的软文往往在分析问题上较为透彻，同时还具有一定的参考价值，因此软文的广告作用更加突出。

3）软文要有真材实料

一篇软文重要的不在于字数多寡，而是在于软文的新闻点，有些新闻点既能够通过有关平台曝光，又能够通过作者的分析、评论，引发网友的见解，当然这些软文的撰写一定不能够和事实相差太远，否则就容易被用户认为是标题党，反而会影响软文的真实性。

1.6.6 电商软文营销

1. 电商文案的特点

电商文案着重的是转换，与一般品牌文案传达精神、主张不同，主要是为了销售产品而撰写。其他关乎品牌精神传达、建立品牌风格等等，属于另外的范畴，不在这篇文章讨论之内；而撰写时，品牌精神传达也只会融入产品介绍之中，不会是最主要的目标。因此电商文案的目的不是追求文句的华丽与趣味，而是要用最容易理解的方式来传达产品的好处。

2. 眼界与能力要匹配

当然一提到文案大家都有所了解，你知道要会洞察、懂用户、追热点，希望它能走心、不自嗨、有说服力，能打开消费者的钱袋。你把文案大师的金句挂在嘴边，苦心研究一篇篇10万+爆文，试图从中找到提升技能的套路。

这导致了一个结果：有眼界、懂原理的文案人员已经足够多，而基本功强的文案人员却太少。眼界与能力之间产生了严重的断层，这就是国内大多数文案人员面临的残酷现实。

其实电商文案如同写宣传软文，但不同的是要用它直接包装商品，用它在网络上实现商品更好的销售，所以写电商文案应思考如何更好更多地提炼卖点、包装卖点，说服顾客去购买商品。电商平台的商品文案相比于直接拿着喇叭在商场叫卖来说，它的精髓在于给商品赋予了文字艺术的灵魂，能够让用户去心甘情愿地购买！

3．电商文案撰写的思路

1）标题牵引，理由充分

在标题撰写时，要快速判断产品对消费者的帮助是什么，标题是否能够马上唤起消费者的心理场景？对于电商来说，如何巧妙运用标题文字清晰表达出产品本身的卖点魅力可谓是重中之重。在电商的世界里，文案的存在是为了传递关键信息给消费者，文案应该直击消费者心理，而不是让人东猜西猜也猜不出、让人不信服，要给消费者一个购买产品的理由。文案有不同的分类，不同的文案适用于不同的场景和用途，适用的方法和理论也不同，但是要坚持一个原则，那就是文案背后的销售逻辑。什么叫销售逻辑？举个简单的例子，你是卖手机的，在大街上随便找一个人推销你的手机，这个时候单纯的文字游戏是没有用的，你必须找到一个劝服他购买的理由。

例如，麦氏咖啡的"滴滴香浓，意犹未尽"，八个字的广告语将麦氏咖啡的醇香和内心感受紧紧结合起来，还给人描绘了一种喝咖啡时候的意境。广告简单易懂并能加强消费者对于产品的信任，字里行间引起共鸣，激发顾客的购买欲望。

在电商平台，对于购买者来说，最大的困难就是选择，因为产品琳琅满目。例如说女性买衣服，衣柜已经有了一堆，再买，就会被扣上"败家女"的帽子。这是心理上最大的一个障碍，需要给她们一个台阶，一个理由，把购买变成一件心安理得的事情。例如中兴百货的经典文案："手为了袖子而存在，脚为了鞋子而存在，空间为了家具而存在，身体为了衣服而存在，三日不购衣便觉面目可憎，三日不购物便觉灵魂可憎。"许舜英的出发点是提出一个观点，"三日不购衣便觉面目可憎"，告诉姑娘们不要委屈了自己。这是一个很好的让人放手去买的理由。

2）准确规范、解决问题

不论你的产品是服务还是实物，都该以解决问题为目标，并告诉消费者，我会怎么解决你的问题，不要预设消费者都懂你们的产品是做什么的，他们有自己的人生要过，没有人对你的产品这么好奇。除非你的产品能解决他的问题，或让他感觉这问题需要被解决。

举例来说，卖平底锅的很多厂商会把材质写在开头，像是大理石平底锅、陶瓷平底锅等，但产品的材质对消费者而言是没有意义的，要为产品的每个特色赋予场景，这项特色才有意义。像是："每次煎鱼都失败吗？"或更进一步"煎鱼失败觉得很丢脸吗？大理石平底锅，不黏底不沾边，让你的每道菜完美上桌。"当然你也可以这样玩一把："我不在乎你有没有车，我不在乎你有没有房，只要你给我买一口这个锅，我愿意给你做一辈子的饭。"

在电商平台上，品牌千千万万。国际品牌、一流品牌、普通品牌都在大战，怎样才能让自家品牌脱颖而出，让消费者选择自家的产品？所以在撰写文案时，不是要考虑你该怎么介绍，而是要考虑消费者该看到什么介绍。每一个产品的功能，有了使用的时机才有意义。客群不是族群，他们需要产品来解决问题。例如士秀面膜文案："能让脸唰地一下子变白的都不太健康，皮肤的新陈代谢周期为28天，那些一用就白的产品，它们坏。"这是直接指出市场上其他对手产品的缺点，一针见血，让顾客对别的品牌产品望而止步，最终引导到自家的产品上。

3）给受众下一个定论、注重单页SEO优化

斯坦福大学心理学教授卡尼曼有一个著名的"前景理论"，其中很重要的一点是：大多数人在面临获得的时候是规避风险的。什么意思呢？举个例子：如果你有两个选择，A选择是肯定赢1000元，B选择是有50%的可能性赢2000元，但同时有50%可能性什么也得不到。

你会选择哪一个？实验表明，大部分人都选择了A。

这说明在面临即将得到的利益时，人类对于"规避风险"的敏感程度是远远大于"得到利益"的。也就是说如果你的文案不能解除消费者心理的顾虑，仅仅靠卖点打动受众是不够的，这是众多消费者在购买阶段最容易出现的一个顾虑，他们在乎的其实并不是商品本身是否昂贵，而是担心自己会不会吃亏。

例如受众会考虑：其他的店是不是比这里便宜啊？团购是不是更优惠？这个时候要怎么做呢？稍微改一下文案，帮助粉丝思考，替他们下一个貌似真理的决定，如图1-5所示，我这都是特价了，价格肯定要比其他店便宜啊！

6寸草莓千层
原价168元 特价148元

图1-5 文案强调特价

4）低价尝鲜

还有很多消费者担心，由于自己没买过你家店铺的产品，担心产品质量

不过关。这个时候，商家不妨采取低价尝鲜甚至是免费试用的方式，这种方式也最为直接。既然你对我们的产品品质不放心，那么试用一下总可以吧，关键是低价甚至免费。

好的文案除了体现"诱惑力"之外，还有一个很重要的任务就是解决消费者的顾虑。而只要解决了消费者心理层面的顾虑，那么广告文案的转化率就会有大的提升。

匠人派营销有这样一种说法："不会写商品文案的人，文案是写给自己看的；会写商品文案的人，文案是专门写给目标对象看的；最会写商品文案的人，文案是同时写给目标对象和搜索引擎蜘蛛（Spider）看的。"

标题的优化对站内搜索起着至关重要的作用，好的文案对于标题的SEO也应驾轻就熟。特别是在类似淘宝这样的电商平台上，现在有很多用户购买商品时是通过搜索来找到自己想要的东西的，所以一个优秀的标题SEO可以带来超出想象的销量额。现在很多自媒体也开始卖货，如果想被Google、百度等搜索引擎的蜘蛛读取，需要注意标题和文章中的商品名称和信息是否完整出现（包含品牌、正确型号、卖点等），以及商品名称的出现频率（至少2～3次）。

5）美图引导、表明创意

再动人的文案不如一张有情绪的商品照片，长篇大论不如图文并茂地解说。商品的详情页文案不是写作，你可以把它理解成"单页的电子型目录"来看待，图片是详情页的重点，图片底下可斟酌加上一小排用于说明的文字。另外还请记得要用小标题提纲挈领，这样会使阅读效果更佳，让用户快速捕捉到商品卖点。

创意的文案总能在常规中脱颖而出，突破重重包围，让人耳目一新。像日常的"新品大促、超值抢购、优惠几折起"等等已经过时了。好的文案不是仅仅写两句看似优惠满满的话语，也不是王婆卖瓜自卖自夸讲述自己如何正品如何原创,而是如何把败家说得清新脱俗,如何让购物变得心安理得,让剁手上升到人生哲学层面,就像"不买才败,女人得坏",用强逻辑让购物变得高尚且合理,让购物变成一种修养和历练。如图1-6、图1-7所示,看看蘑菇街的文案怎么玩。

图1-6 蘑菇街的文案(一)

图1-7 蘑菇街的文案(二)

6)简洁精练、彰显创意

在撰写文案前要消化产品与市调的资料,然后用不超过20～30个字的语言将产品描述出来,内容要包括产品的特点、功能、目标消费群、精神享受等方面。撰写有一定创意的原创内容,可以震醒许多漠不关心的消费者,例如,奥林蒸馏水确定的核心创意是"有渴望,就喝奥林",围绕着人的种种"渴望"以及"口渴"的种种情景展开系列广告,轰动一时。"红常青羊胎素"这一美容保健品所确定的大创意是"红常青,为女人除不平","不平"不仅指脸上的皱纹、斑斑痘痘,又指心中的不平、怨言,展开的系列广告也颇引人注意。

7）情感共鸣、感同身受

对于在做电商运营的小伙伴们，极力建议大家去做一段时间的客服，或者去查看一些客服的历史消息，因为从这些信息里面你可以更准确地了解到用户的需求、购买心理以及用户定位。只有这样你才能写出更吸引用户的商品文案，更有力地抓住用户心理。大家也可以用阿里指数对商品用户数据进行分析。

好的产品宣传文案需要结合买家心理和实际需求，站在买家角度思考，找准买家与产品之间的关系，用情感来打动买家。如果你看到的产品宣传文案都是一些什么清仓大促销、大甩卖等看着让人眼花缭乱还似曾相识的语句，这样的产品宣传文案怎么让买家心甘情愿地下单购买呢？

8）淘宝店铺中的软文营销

2009年至今，阿里巴巴从最初的5000万元销售额，到2016年双11全天达到1207亿元成交额，实现了超过千倍的增长速度，且成交额连年增长，其中更是涌现出不少实力强劲的"黑马"。纵观这些爆款的背后，除了商品本身之外，最为重要的恐怕就是店铺详情页文案了。

（1）宝贝销量高不高，详情页至关重要。

试想一下，当你进店浏览宝贝的时候，肯定是对这家的商品满怀好奇和探索欲的。生活节奏这么快，大家都很忙，相信如果没有一丁点想要购买的欲望的话，谁也没有闲情逸致去逛店。

所以说，一方想买，一方想卖，能不能留住买家，就得看你这个详情页厉不厉害了。

淘宝店铺详情页的文案策划，开始越来越引起卖家的注意。说起详情页，首先需要了解它的功能，无非是展示、诱导、说服、下单。

因此在制作详情页前，你需要对面向的客户群体有一个全面的了解，甚至毫不夸张地说，你要比了解自己的产品还要了解自己的客户，如此一来才能洞悉他们想要什么，想要看到什么，看到你的详情页以后会有什么样的反映，会不会下单，相比其他同类商品有哪些竞争力，这些都是非常关键的。

简单来说就是给人一种越看越好奇，越看越冲动的感觉，才是真功夫。当这些都具备了，那么恭喜你，排版布局、文字图片等内容都会水到渠成。

因此，详情页文案策划必须要具备一定的功力和火候，不是简简单单随便罗列一下就可以的。

（2）详情页不是写小说，简洁而不简单。

根据淘宝数据显示，以服装为例，其实买家在详情页想要看到的是买家评价详情、细节图、产品图、每件服装的尺码图、模特图、他人尺码试穿信息、服装产品的吊牌等一系列的图文解说，那作为宝贝详情页面的文案撰写编辑，该如何布局呢？详情页的内容大致可以分为店铺活动介绍、产品特点展示、商品细节实拍、活动详情、好评介绍和温馨提示，要将这些关键内容简洁罗列出来，不要不知所云地长篇大论。

（3）产品文案重点展示，例如标出明星款、潮爆款、品牌款。

假设你卖的是服装，在介绍产品特点时，卖家需要对自己的商品做充分的了解，找到商品卖点或者特色，然后重点突出。例如将以下几个方面作为重点创作软文：

- 是否是明星潮品？
- 是否是网络爆款，月销千件？
- 重视品牌效应。

1.6.7　电子邮件软文营销

1．什么是邮件营销？

邮件营销（Email Marketing），是在用户事先许可的前提下，通过电子邮件的方式向目标用户传递有价值信息的一种网络营销手段。

邮件营销有三个基本因素：用户许可、用电子邮件传递信息、信息对用户有价值。三个因素缺少一个，都不能称之为有效的邮件营销。它既是利用电子邮件与受众客户进行商业交流的一种直销方式，同时也广泛地应用于网络营销领域，通常企业可以通过使用EDM软件向目标客户发送EDM邮件，建立同目标顾客的沟通渠道，向其直接传达相关信息，用来促进销售。EDM软件有多种用途，可以发送电子广告、产品信息、销售信息、市场调查、市场推广活动信息等。

2．电子邮件软文撰写的"五要素"

1）标题——吸引注意力

要确定一个直指内心的标题。这个标题可以不考虑载体，只求杀伤力，字数、风格都不受限制。

2）需求——激发兴趣点

全面掌握客户的真实需求，需要企业将不同渠道多种类型的数据源有机融合。建立电子邮件与情景营销的融合，正在很大程度上改变企业与用户的沟通模式，真正创造用户价值，激发用户兴趣。

3）欲望——点燃消费的欲望

在软文撰写中间接把产品对客户的好处说清楚，可以只说重点，附带其他点。注意这里不是说卖点，卖点是站在销售方的角度，这里说的好处是站在客户的角度进行创作。

4）行动——号召执行

给出行动的理由，读者为什么非要买我们的产品或接受我们的服务，为什么非要现在成交而不是以后成交，要给出合理的理由进行号召，理由一定要铿锵有力。

5）愿景——强调拥有后的感觉

最后进一步塑造产品或者服务的价值，让用户想象到拥有产品后是何种快乐的感觉，适度添加一些客户见证，也就是说凭什么我们说的是真的，如荣誉、奖项、第三方评价等，只要是能够塑造产品影响力的素材都可以。

3．使用电子邮件进行营销推广

1）确定目标客户群

利用电子邮件进行网站推广，首先要收集大量的电子邮件地址和客户姓名，收集邮件地址和客户姓名的方法很多，例如购买第三方的营销邮件数据库，或者与别人交换数据库资料等，建立自己的邮件列表。在进行邮件营销之前，应该明白这次邮件营销的目标是什么，一般有以下一些目标：售后服务、与直销的伙伴合作、增加二次购买、案件的预防措施、新产品信息的告知等，不要设置太多的议程，3个目标是最佳，效果也是最好的。

2）分类数据，制订发送方案

EDM要想做到最有效，让订阅者不反感，就要提供针对性的内容，让用户看到他们想要看到的东西，这里最为简单有效的方法是提供分类订阅，在用户订阅和退订的时候，列出一个分类目录让用户选择，这样就可将用户邮件进行分类，按照用户的实际需求来给用户发送不同类型的电子邮件。切忌不分用户类型一味滥发邮件，那样不但达不到预期的效果，还有可能造成完全相反的效果，如所发电子邮件被判定为垃圾邮件。所以，在发送电子邮件之前，一定要做好潜在的访问者分析，然后再进行发送工作，同时一定要注意：邮件营销的重点在提供营销内容，而非直接销售。这显然非常好理解，既然呼吁客户"现在购买"无法奏效,那么就给他们感兴趣的"更多信息",为未来的一击而中提前经营。但是不仅仅是提供内容就够了,企业客户希望了解更多的相关选择,以及了解如何帮助他们更好发展业务的信息内容。如此,细分并分析客户潜在需求,把客户需求与针对性邮件类型和营销内容进行匹配,在客户决策的过程中,一步步吸引培育客户,直到客户逐渐信任你的品牌,确认你的产品服务有所助益。记住,你必须找到创造性的方式来传达消息,不卖产品,才是电子邮件营销正确的方向。

3)提供真正的附加价值

在B2B邮件营销中,花太多的时间和精力在产品上,未必见得能获得客户的欢迎。所以首先要问问自己,你知道客户的期望价值吗?如果能给予客户最新的信息,成为行业最重要信息的提供者,那么你的新闻将更有价值。

正文内容要让人一目了然,记忆深刻,具有完整细节和文字。相关链接单击要可以直接进入,这是一个重要的因素。此外,内容也要及时更新,让人有更多的新鲜感。

4)在服务环节使用邮件营销

通过邮件的沟通可以提升与客户的关系,同时也为客户生命周期提供了很多交流机会。其中包括订单确认、物流服务、网站信息的查询、售后服务的反馈、约会提醒、所购产品基础信息等,这些都可以通过发送邮件来实现。

通过与客户用心去沟通,不仅可以获得更多的成功机会,而且还有助于提升产品的影响力。基于这样的电子邮件点击率可以高达70%,比其他的邮件点击率高很多。

5)明确电子邮件主题,避免被用户确认为垃圾邮件

对于EDM来说,如何避免成为垃圾邮件是一个非常关键的问题,可以说所有的垃圾邮件都带有营销性质,但带有营销性质的邮件却不一定是垃圾邮件。通常来说,基于用户许可、信息对用户有价值的邮件是正规的EDM,两

个因素缺少一个，就可以被判定为垃圾邮件。

所谓许可式邮件营销，指的是企业事先征得了用户的许可，方才可以通过电子邮件的方式向目标用户发送产品、服务、促销等信息。因此，目标用户的态度至少不排斥这些营销邮件，这是许可式邮件和垃圾邮件的本质区别，同时切记，现在的消费者越来越理智，收件人不会在收到你的电子邮件后立即购买，企业客户更有着复杂的购买决策过程、更长的购买周期，需要营销者联合运用各种渠道，以策略驱动客户转化。

6）适当的奖励

适当的奖励也会起到不错的效果。通过使用奖励煽动的方法，例如降价、特殊服务等，可以促使客户注册。B2B的资源可以在白皮书、专业文章、列表和其他的一些记录中找到。当然你也可以亲自去访问，但切记不要问太多的细节。第一次接触，要记好对方的姓名、职位、公司和电子邮件地址，这是建立良好沟通的第一步。

7）跟踪目标，适度调整邮件发送频率

企业客户的决策过程之所以复杂冗长，关键在于决策人的数量以及差异性。从而B2B营销者需要重视跟踪。时时跟进，时时分析，合理调整邮件发送周期，同时要针对不同的客户群发送合适的电子邮件，才能真正带来互动，打动客户。坦白地讲，不是所有的人是真想退订你的邮件，Forrester Research的研究表明，有71%的用户回应是发送频率太频繁才退订邮件的；76%的用户认为邮件内容就是没有吸引力。所以，为了维护那71%的用户，降低邮件发送频率是一个明智的选择。邮件发送周期的决定因素在于发送的内容，时效短的信息要优先发送，时效性长的信息可以适当延后发送，一般要控制信息发送不要过于频繁。

8）提供退订

即使用户是自愿订阅邮件，但随着时间的推移以及用户工作环境和个人兴趣的变化，可能已经不再对邮件内容有兴趣，这时应该允许用户随时方便地退订，否则就有可能成为一种垃圾邮件。因此，在每封邮件的结尾都应该提供退订方法说明，同时简化退订手续，只要通过简单回复邮件或单击邮件中的链接就可以实现完全退订。

9）营销效果评估

EDM的特点之一是可以对其效果进行量化的评估，通过对一些指标的检测和分析，不仅可以用来评价营销活动的效果，还可以发现营销过程中的问题，以便对活动进行一定的控制。

衡量EDM营销效果的数据指标主要有4项：成功率、阅读率、点击率、转化率，从邮件到达用户邮箱，到用户单击打开邮件，再到形成转化，最后到二次购买，它是一步一步积累形成的，不是一蹴而就的。关注订单的同时还要关注邮件潜在的转化，例如邮件带来的网站流量、APP下载量、会员注册量、转发量等。

邮件软文营销指标背后的逻辑其实是用户服务，每个指标是不同程度的指向，邮件的内容体验好了，各项指标自然就上升了，反之下降。在关注EDM指标的同时，更要从用户的角度去考虑如何通过邮件给受众传送更多有价值的内容，只有这样，才能真正做好内容营销。

1.6.8 论坛社交软文营销

论坛是继即时通讯工具之后互动性最强的网络平台，人流量巨大，涵盖内容非常丰富，无论是时事、经济、娱乐、休闲还是生活情感类的话题都能在论坛里找到相应的板块，话题内容几乎涵盖了生活中的每一个细节。而且论坛注册门槛低，无论是明星红人，还是草根网民都可以在其中找到一席话语权，在热门论坛中，每一条帖子，无论内容是优是劣都能引来可观的点击量。

一些大型热门论坛的口碑传播速度非常惊人，热衷于舆论和争议的网友们往往能迅速地将生活事件传播到网络上，再将网络事件传播到生活里，现实与虚拟的界限因论坛的存在愈来愈模糊。

一些为我们所知的网络红人和网络事件大多都是从"天涯论坛"和"猫扑论坛"等大型的论坛中传播开来的，很多商家也是借着论坛上的事件营销而发迹的。所以论坛已经成为一种重要的信息传播媒体，也是进行网络营销时不可忽略的重要平台之一。

论坛营销需要注意以下几点：

1）选择合适的论坛

论坛虽然注册和发帖门槛低，但也不是毫无限制。在选择论坛时应当选择那些人气旺，具有签名和带链接功能的论坛。

签名和链接功能一方面是出于SEO考虑，还有一方面，签名就像是随身出示的一张名片，在网友看到留言时便能跟着看到名片，加深对我们身份与行业的印象，而且也可以随时通过签名链接到网站，吸引流量。

除此之外还要考虑论坛发帖审核的宽格程度。有些论坛虽然注册门槛低，但是发帖审核制度很严，而且带有广告性质的软文容易被删。即使是同一个论坛，不同的板块内的审核制度也不一样，如天涯论坛中，情感板块中软文广告的审核程度比娱乐八卦板块要严格得多。而百度贴吧这类，不带链接可随意发，带了链接，品牌关键词就必然被封杀。

由于论坛的规则和用户的需求会不定期地发生变化，有些论坛还保留着签名和链接功能，有些已经关闭，当然不管是知名论坛还是新出现的论坛，可以都先注册一个ID，养养号，衡量一下发帖审核的难易程度，再注册多个马甲账号在账号之间相互回帖、顶帖，并根据规则合理发布帖子。

2）论坛内容发布要点

（1）了解社群用户心理。

论坛营销应当充分抓住论坛用户的喜好、心理，分析他们所喜欢的新闻信息。正儿八经的广告模式的下场不是被版主删帖就是受网友冷落，石沉大海。论坛用户见惯了太多的广告，他们对于广告是排斥的，甚至是敌对的，但是如果广告能考虑他们的喜好，巧妙地将用户所喜爱的价值信息与营销信息穿插起来，那么广告也是可以受到欢迎的。

经常去关注论坛的热点与动态，久而久之便能敏感地捕捉到论坛的风向，掌握论坛用户的心理。

（2）论坛广告软文写作。

①论坛发帖建议站在第三方用户角度。

论坛用户对于广告的敏感度比其他任何网络用户群都更强烈。因此，如果论坛的软文仍然按照门户站的软文形式来创作，大多是行不通的。

但值得注意的一点是，避免在短时间内发布太多帖子，短时间内狂轰滥炸的广告信息容易引起网友的反感，并且容易让人质疑帖子的真实性。

②论坛发帖建议选择富有争议性的内容。

热门论坛的帖子沉没速度非常快，往往帖子刚发上去，刷新一次页面，刚发的帖子就沉到第二页甚至更后面去了。如果发布的帖子没有吸引力，那么可能会立刻被其他海量的帖子淹没。因此在选择内容时建议选择那些富有争议性的，可后续跟进报道的内容。

论坛网友的参与欲特别强，他们喜欢舆论，喜欢争论，喜欢边工作边泡在论坛里与人唇枪舌剑。所以抓住热点，突出帖子的争议点，这样一个人的帖子可能就会变成全论坛用户的帖子，或许就会有源源不断的"志愿者"加入进来主动传播信息。但尽量还是把控好一个度，使传播的信息都是正面的有价值的，而不是负面的。

③运用好论坛签名和用户名。

论坛签名和用户名总是最易受到用户忽视的，在他们看起来微不足道，但是运用好了对于我们的帮助也很大。

论坛签名的重要性在前面提到过，它类似于一张随身出示的名片，让其他用户能轻易地了解我们的身份与职业。论坛签名的设置与竞价排名描述的写法可以相同，当然也可以只出于诱导意图，设计得格外标新立异，将用户带向签名指向的网页。

选择用户名时不要为了图方便而采用一些乱七八糟的数字或字母，这是很小的一个细节，虽然很多网友不在意，但是也有眼尖的和敏感的网友一看到这种无意义的用户名就自然会认为其发布的帖子是广告，尤其是那些跟在同一广告帖子下顶帖的用户。

3）顶帖要点

在最开始发布帖子时往往很难一下子就聚集人气，而且论坛活跃度比较高的话，我们的帖子很容易被其他接二连三出现的新帖子淹没，这就需要自己去顶帖，使它一直保持在首页的位置，一直牵住用户的视线。

顶帖时有以下三点需要注意：

（1）不能用发帖的用户名或同一个马甲，或一些乱七八糟的字母数字名，否则一直顶很容易让网友怀疑是"托儿"。

（2）顶帖不能过于简单，例如"确实不错。""很好，很强大。"等诸如此类的简短留言。这也会令网友怀疑是"托儿"所为。顶帖时也尽量采取发帖时的认真态度，发表一些有意义的留言。

（3）适当地发表一些中立性的甚至带有争议性的言论。消费者是异常挑剔的，再好的产品服务都无法获得所有人的喜欢。因此在给自己顶帖时如果前面千篇一律全部都是赞扬的话也难免叫人怀疑，好的产品服务从来不会在争议中丧失它的优秀。因此在顶帖时如若能适当地发表一些中立性的甚至带有争议性的言论，一方面是可以增加回复的真实性，另一方面可引发网友后续讨论，增加帖子的人气，也延长帖子的寿命。但是作为软文作者，最终还是要将所有的言论都引导到正向的方面。

1.7 优秀软文具备的八大要素

1. 标题

考虑到简单的标题很难获得搜索引擎的好感,所以,标题应该紧跟每一个时期的网络流行语、热点话题等,保持在二十个字以内。一个好的软文标题会是整个软文的点睛之处,会吸引读者来点击打开软文。所以在软文界有这样一句话:再好的内容如果没有一个"诱人"的标题也是白搭。读者没有阅读的欲望,你又有何德何能让读者去阅读或查看呢?文章标题就好比人的穿衣打扮,穿得另类漂亮别人才会多看你几眼。虽然文章的内容写得非常精彩,但是标题不够吸引眼球,文章还是没人看。所以第一印象还是很重要的。

另外还有一个重要的指标,那就是标题必须包含关键词,因为作为软文,大多数是在阐述一个产品的卖点,所以,必须将产品的关键词有机巧妙地融合其中。同时,为了防止软文标题和别的软文"撞车",在构思好软文标题之后,最好百度一下,这样可以看看有没有重复,同时,也可以看看同类标题有什么可取之处,借鉴一下,使其更符合用户的搜索习惯。

此外,软文要有一定的倾向性,直白地说,软文标题要有和用户利益相关的字眼,"只有需要,才有买卖",软文不是用来卖弄文采的,再怎么伪装的软文都要实现其商业价值,用户想要了解的是和自己利益相关的东西,所以,软文标题一定要有某种利益倾向。

2. 定位

所谓"知己知彼,百战百胜",说的就是"定位"两个字。

首先得知道面对的读者是谁,然后才知道怎么写以及从哪里入手。王健林都说了,"先给自己定个小目标",是有道理的。定位的目的,就是传达给读者一个信息:"我们是专家,我们更了解你。"如果你的软文杂乱无章,就很难获取信任。一个人不可能今天写营销,明天写母婴,后天成了教育达人,这样的软文也很难获取粉丝。大家去医院都喜欢找专家看病，因为专家值得信赖。因此，无定位不营销，软文策划的首要因素，就是定位清楚，一旦定位好，撰写软文才会事半功倍。

例如我是做营销的，我关注的肯定都是营销人士，看一些营销文章，我不可能去学习母婴知识。这就好比，在生活中一个人一会儿说东一会儿讲西，给人的感觉是很不靠谱，很难有人相信他说的话。而只写垂直领域的专业性文章，才能让人觉得你是一个专业人士。

所谓的个人标签是别人认可的，而不是自己给自己贴的，当你做得够好，别人一定会认可你！专注一个领域就够了，小而美，如果文章杂乱无章，毫无头绪，不仅不专业，而且非常不靠谱，这样的内容定位是不成功的，这样的文章也是无法获取信任的！

定位是创作的出发点，也是构思内容的着眼点。熟悉定位下产品的特征、功能用途、历史底蕴以及用户群体后，才能有针对性地确定文章核心，搭建故事架构和进行情节设置。先搭建一个完整的内容框架，框架类似于一幢高楼的地基，只有基础打好了才能建起高楼大厦。而填充的内容就要进行精心策划，要知道高质量的软文不仅不会引得粉丝反感，反而还会让粉丝觉得有趣。

3. 文章排版清晰，巧妙分布小标题，突出重点

高质量的软文排版应该是严谨而有条不紊的，试想一下，一篇排版凌乱的文章，不但会令读者阅读困难、思路混乱，而且会给人一种不权威的感觉。所以为了达到软文营销的目的，文章的排版不可马虎，需要做到最基本的上下连贯，并最好在每一段话上标注小标题，从而突出文章的重点，看起来一目了然。在语言措辞方面，如果是需要说服他人的，最好加入"据专家称""某某教授认为"等真实研究成果，提高文章的分量。

4. 图片出色，巧妙植入

毫无疑问，在互联网上，图片同样也是吸引人的利器之一，图文结合能让文章如虎添翼，正所谓"有图有真相"。很多时候空凭文字不能让读者完全信服，还得配上一幅精美的图片才能真正让用户体验大大提高。当然配图一定要注意相关性，千万不要配一些毫无关联的图，否则会破坏读者的阅读心情。所以说一篇软文图配得好也能给软文增色不少。

巧妙植入产品广告是软文的重点，软文内容一定要跟产品相关！软文的目的是广告，而广告一定要跟我们的产品相关，我们靠软文盈利，如果背弃了产品，我们写软文还有什么意义呢？一篇软文如果没有广告怎么盈利呢？

但如果是赤裸裸的广告，又会引起读者反感，不会促成任何成交。像电视剧的明星同款一样，巧妙地植入产品广告，才能让用户信任，从而促成成交。软文营销的核心就是要靠图片吸引人、靠标题抓住人、靠内容留住人。

5. 题材新颖，原创度高

一般经典软文都是原创性较高的，不会随便在哪里东拼西凑弄来一篇凑数。读者喜欢题材新颖、原创、具有独特性的文章，这同样对搜索引擎也具有吸引力。

尤其是在信息泛滥的互联网时代，不是新的东西就不会被大家追捧，不能被大家认识就不能吸引用户。软文在写作上并不拘泥于形式，但是任何广告软文如果没有吸引读者的阅读欲望，不能捕捉到读者猎奇、求知、愉悦的心态，就很难勾起读者的兴趣。如果一篇广告软文光看标题就让人打不起精神，其广告效果就根本无从谈起。因此还必须分析产品目标客户群的消费心理、生活情趣，投其所好，增加新的知识、新的消息、新的时事动态等等，切忌一厢情愿、自得其乐和不厌其烦地写过时的东西以及使用生涩的表达阐述，在追求新的同时，要了解你的听众，明确你要讲给谁听，否则，轻而言之，是制造广告垃圾，重而言之，将适得其反伤及企业自身。

6．内容有价值，体验度高

知识性软文是针对具有某种特定需求的用户或普通大众撰写的有价值的文章，试图帮助解决用户可能有的困惑。

首先，要清晰创作的目的，即写给谁。使用这些信息来建立一个理想的观众角色，调整软文的内容。所以在写知识性软文的时候一定要先去转换立场。以化妆品为例，假如你是一位需要买面膜的女士，去阅读一些关于美容方面的文章的时候，想要在软文中了解到哪些内容？作者需要去转换立场，因为只有立场转换了，才有可能写出对于用户有价值的文章。可以说，没有知识作为肉体，只有产品信息的文章如同行尸走肉，不能让读者信任，不能博得其好感。

知识性软文，只有做到言之有物，才能达到好的效果。软文在写之前要考虑这篇软文值不值得写，有没有写的价值，在写的时候，如何才能让读者感到真实、可信。同时要注意内容的长短，太长容易让读者失去耐心，太短则达不到应有的效果，体验度高的软文就是用事实打动读者，并留下印象。

塑造文章的价值非常简单，就是分享专业性经验，可以是营销经验、母婴经验、教育经验等。在提供价值的同时，还要注重用户体验，用户体验是一个主观感受，很难捕捉到，所以，尽量以第三者的语气进行客观阐述，不要直接告诉用户怎么去做，也不要过分宣扬产品如何好，这样直露的感情很容易引起读者的反感。

7．关键词选择

在搜索引擎中输入一个词语或几个词语，然后命令搜索引擎去为你搜索想要的结果，这个能够打开最终你想要的结果页面的词语，就称作关键词。关键词一般分为产品、服务、企业、网站等等。关键词可以有一个，也可以有多个。软文需要设定关键词，最好不要超过3个，并适时把关键词放进文章里，让读者不会觉得生硬，做到文章即使加入了关键词或是链接也顺理成章。此外，还要学会搜索，在确定了软文的关键词之后，利用搜索引擎寻找和关键字相关的故事，筛选有价值的资料，然后思考如何把这些完美地融入文案中，与其他内容衔接起来。

网络软文和传统软文最大的区别，就是数据可视化。通过爱站关键词挖掘工具（http://ci.aizhan.com/），可以查询到网民需求词的指数，虽然不是十分准确，但也八九不离十。同理也可以用百度指数进行查询。

一篇没有关键词的软文和一篇带有关键词的软文，到底哪篇更有价值？答案肯定是后者。因为带有关键词的软文会带来更多的流量和生意机会，毕竟需求就摆在那里。

在关键词选择上，没有必要去选择那些指数高且竞争大的词，那些指数小且竞争不大的长尾词，更利于做软文排名。每一个长尾关键词代表一个小众需求，宁可多写一些小流量的长尾关键词软文，使其快速排在百度首页，不断引来精准流量，也不要吊在一个篮子上，去专攻一个竞争大的流量词，并且还不知道何时才能上百度首页。所以说软文中的关键词对软文的推广起着十分重要的作用，设计好了关键词，就是成功了三分之一。

关键词通常分为核心关键词、辅助关键词、长尾词等；而在搜索引擎里，也可以分为通用关键词和专用关键词。各类别简要介绍如下：

核心关键词：产品、企业、网站、服务、行业等的一些名称或是这些名称的一些属性、特色的词汇。例如匠人派、网络营销培训。

辅助关键词：核心关键词的近义词、解释、说明、补充等一些扩展词汇，使核心关键词更加清晰。例如匠人派简介、匠人派课程特色等。

长尾词：不是一般的软文的关键词，但是也能够通过搜索链接到相应的软文内容，为软文带来流量的词。但这类词比较长，可能由几个词语或短语组成。

想要设计好关键词，还要了解关键词的几个相关定义。搞清楚这些之后，才能够全面地了解关键词，才能设计出好的关键词。关键词的相关概念如下：

关键词密度：也称关键词频率，它是表示在软文里与其他词语相比关键词出现的频率，频率越高，密度也就越大。关键词密度一般用百分比表示。

关键词竞争度：是指同样的关键词在搜索后所出现的页面有多少。

关键词相关度：是指通过搜索关键词出现的页面内容与关键词的匹配度。关键词对软文来说有着至关重要的意义，只有选取好了关键词，选取对了关键词，才能够提升软文的搜索排名。

8. SEO优化

SEO优化包括关键词优化和内容优化。关键词优化，是做给搜索引擎的看的；内容优化，是做给读者看的，如果两种优化要互相比较的话，内容优化会更为重要一些，因为，搜索引擎也是模仿读者需求来给文章排名的。

关于软文优化的一点建议：

关键词优化：顺其自然，不需要过多修饰和叠加，只要读起来通顺，不令人反感就好。

内容优化：最重要的是就是分享读者感兴趣、有价值的信息，所以，软文策划的第一个因素"定位"很关键，因为只有知道面对的是什么样的人群，才懂分享什么样的信息给读者。至于有价值的信息，可以认为是网上没有的信息，也称作原创内容。

9. 渠道

在这里所说的渠道，是媒体渠道或媒体资源。撰写出一篇软文后，当然要去相关的媒体渠道上发布，让读者看到，价值才能体现出来。

1.8 软文的发布平台和推广平台

软文营销不是单纯的软文发布,其要从多角度诠释企业文化、品牌内涵、产品理念和利益承诺,要引导市场消费,在较短时间内快速提升产品知名度,塑造品牌美誉度和公信力。而目前很多企业还是停留在单纯的软文发布层面,图省事不去追求文章品质,图省钱不去筛选优质平台,有了好文章没什么人看,一切也是徒然,所以软文的发布渠道和投放平台也有讲究。

高效的软文发布渠道,可以将信息从企业、商家、机构的软文内容传送到各家网络媒体、报纸媒体以及包括媒体记者在内的广泛的受众,他们再以最快捷、最方便的方式将企业、机构的新闻、图片、媒体音像影像等传送给大众。

选择软文推广平台时,软文最终的命运与其是否拥有丰富的媒体资源有直接的关系。有媒体资源,就代表机构掌握了软文推广的大量渠道,通过多向渠道的推广,软文不愁没有受众。丰富的媒体资源,与各类型网站间的合作,为软文营销提供了不同年龄段、不同教育程度、不同兴趣爱好的消费者。例如,中国媒体联盟网就是一家不错的推广平台,其媒体资源中,从中央媒体到地方媒体,从财经到科技,从家居到健康网站,从教育到娱乐,涉及各行各业100多家的媒体网站,各类型的产品在中国媒体联盟网都能找到发布平台,获得产品营销的最大化。

其次,软文的营销,一般具有时效性,在一定的时间与环境下,软文营销的效果最佳,所以,选择软文推广平台时,其发稿的速度较为关键。软文的有些内容与当前的网络时事热点有关,过了用户热点关注期限,这篇软文的营销价值会逐渐减弱,带来的产品销售自然不能达到最佳效果。如果发稿机构能够将软文在最短的时间内发布,抓住当前的关注热点,软文的营销也就产生了较大的影响力。

1. 常用的软文投放平台

站长网站:Admin5、Chinaz、艾瑞、Donews等。

解析：网站权重高，审核速度比较快，收录迅速，不用发布费用，如果文章质量好还可上首页头条，不过基本禁止在软文中插入超链接，个别网站可以。

官方网站：新浪、网易、腾讯、搜狐等。

解析：门户网站与平面媒体一样，多为付费刊发，但是门户网站往往配有社区论坛，这些地方人气多，是免费发布的理想地方，但是需要根据企业的目标群体确定主要阵地。这种形式的软文比较常见，可以去新浪或网易看看。他们常常会发一些从用户角度出发的使用感受、新产品发布的新闻等。不过这的确是一种很实惠的方式，可以将其概括为是借助网络媒体的软文推广方法，需要有比较专业的写手。

博客：163、新浪、腾讯、赛迪、搜狐等。

解析：博客分为第三方博客和独立博客，精于博客营销的人往往会打造了个人的独立博客。各大网站的博客最好都注册一下，由于博客软文对链接没有限制，所以是一种比较好的方法。但是这些都需要坚持发布，同时这也是增加外链的重要方法。

贴吧论坛：百度贴吧、阿里妈妈、站长、Techweb、织梦、天涯等。

解析：贴吧论坛是软文发布的重要渠道，其特点是搜索引擎可以收录，但是在论坛中曝光率有限，需要和论坛管理人联系好，置顶效果才是最好的，而且有的论坛不能带链接。

百科：百度、维基、360、互动等。

解析：这是一种以建立词条的形式进行宣传的方式，通过编辑词条时在页面加入要宣传的内容，进行企业网络推广，达到提升品牌知名度和企业形象等目的。

分类信息网：百姓网、58同城、赶集网等。

解析：在分类信息网站发软文也是可以的，不过像58同城、赶集网和百姓网这些大型的分类信息网站对发布的信息是有限制的，需要审核。有些网站不允许带外链，这个也是需要注意的。

行业网站很多，就不一一列举了。

解析：这就要根据自己的产品来选择了，如果你的产品是针对养生健康的，那么关于这个行业的网站，尤其是那些比较权威的网站就可以用来发布软文。方式跟门户网站差不多，一般在行业网站上发布软文，其针对性和效果要优于门户网站。

2. 软文发布媒体的选择

软文不如硬广告那样直接，是通过文字潜移默化地影响人们的思想，只有通过长期、不定期的发布，才能提升品牌知名度和美誉度，进而在营销上产生质的变化。

接着就是根据企业的宣传对象、产品特点以及新闻投放的目的，精心筛选收录好、新闻源稳定、权重高的新闻媒体，确保有很多的人群来关注，达到新闻推广的目的。有态度的软文结合优势媒体资源，再加上专业的信息软文推广平台，可以让信息的传播速度更快、传播范围更广，让品牌家喻户晓。

3. 软文推广平台的选择

发布平台的选择对软文营销的效果起着决定性的作用。在选择时依然可以采用"货比三家"的模式，但不排除大部分的企业"先入为主"，在百度搜索中看到谁就选择谁，但是，这跟淘宝选择销量优先不一样，前者是靠出钱给百度实现首页搜索推广，后者是靠本身产品的销量和消费者的好评率来实现推广。

第 2 章

软文撰写前的精心准备

2.1 软文撰写获取素材的渠道

素材来自于积累,来自于采访,来自于阅读,来自于思考。正如"巧妇难为无米之炊",素材即"米",无米则无法"下锅"。文章之所以写不好,首先在于没有素材,天马行空坐在那里空想,结果是既抓不主题,又使内容极度空洞。蒸馒头要有面粉,素材就是面粉,而写作仅仅是发酵的过程。

其实大部分写手都很头痛、很害怕去写,因为他们写文章都是靠灵感跟经验,如果只靠这些,那么你会发现总有一天,灵感没来或没有经验可写。所以写文章不能单单靠灵感,而是要靠素材。那时写作也会发生一些变化,不再是单单靠灵感或跟着自己的经验来写,而是拿着素材来研究,在研究素材的过程中慢慢找到一种感觉,找到写作的最佳切入点。这时,再去写文章就没有想象中的那么痛苦了。素材的获取主要有以下几种渠道:

1. 取材于社会时事热点和生活

这是如今很多文案都会用到的方法,一个热点曝出来,便会有无数的软文浮现。比起干瘪瘪的苍白无力的文字,结合热点能有看点,能给读者带来新鲜感,同时还可以带动很多话题,让产品借势营销。例如关于"南海仲裁"这个热点话题,很多人首先想到了"爱国",于是就会有成千上万的人借助爱国话题谈爱国品质。当然,仅仅依靠热点来做软文营销也不是完全靠谱的,因为更多的取材应该来源于生活,生活的真实度远远大于互联网上的热点炒作,接地气的生活话题更能赢得读者的信任。所以优质的软文取材永远离不开生活。这点很多写手都会运用到,这样的文章写起来比较通俗化、实时化,读者更容易接受。例如今天哪个明星大婚这类事件关注人数相当多,很多女性类的产品就会围绕这个话题写软文,借势营销。做到这点需要平时对生活中的事件进行关注,像一些娱乐新闻,尽量都略知一二,平时养成浏览新闻的习惯,进而从中筛选能够创作的素材。

此外，也要注意从日常生活中挖掘材料。童言无忌也好，老人常言也罢，大千世界，声色纷繁，都是创意的源泉。敏感，是软文撰写者必须具备的素质，所谓"风声雨声读书声，声声入耳；家事国事天下事，事事关心"，所言有理。同时还要眼到，读万卷书，行万里路，正所谓见多识广。软文撰写者必须是个杂家，且不说涉猎文学、历史、哲学等人文基础，还要涉猎经济、社会、心理等。

2. 向行业大咖学习

在软文创作的学习过程中，可以借鉴大咖的文章及他们传授的经验，让自己在创作的路上少走弯路，养成对行业大咖的文章进行分析总结的习惯，并列出自己的观点，逐渐尝试独立创作一篇软文。对于软文的练习大家可以给自己指定一个比较详细的目标，例如刚开始一天写一篇，一周总结一次；之后可以增加到每天写两篇。同时为了提高软文的质量，在决定写哪个题材之前，要对相关主题的文章进行一定量的阅读，做到心中有数，这样写出来的文章才会有底蕴、有内涵。

3. 从互联网获取

互联网的信息可谓是铺天盖地，各种各样的内容传播速度也很快。创作软文可以利用互联网来收集、整理信息，以获得好的素材。

例如，到喜欢的网站或者和软文主题相关的网站上去，在那里会有很多思想观点的碰撞，在这些互动中，会给人以启示。这些都是获得软文写作思路的地方。

此外，还可以通过浏览互联网上的新闻来不断接触新事物，不断充实自己。有了无穷无尽的创作来源，又怎会担心写不出高质量的软文呢？

4. 平时积累沉淀

一个人在某个行业中工作得越久,他在这个行业中的资历也就越深厚,那么自然能够获得不同的领悟以及积累大量的软文题材。例如,一个网站的关键词被优化后,这个关键词取得很大进步甚至排名百度首页,那负责人自然就能够通过回顾所做的优化工作,来分析一下哪些措施最为有效,从而总结出经验来分享给别人。这样货真价实的文章必定能够引发读者们的兴趣,从而提升网站的知名度,使网站拥有一批忠实读者。

5. 由资料库延伸

写作的时候,不要写一些表面化的东西,因为只有看到了事情的本质,才能够为用户输出有价值的信息。大家对于表面的东西没有什么兴趣,因为那是人人都已经知道的。为了对一些材料进行不同角度的深入思考,要尽可能地收集更多的有用资料。

如果没有一个庞大的资料库,就会造成资源短缺。等到需要的时候,只剩茫然失措。互联网是一个巨大的资源共享平台,但是不能忽视的是这些资源必须进行二次加工,不能直接使用。

只要对这些资源进行整合和改造,它们就会呈现焕然一新的面貌,资料只是提供前期参考。通过浏览这些资料也可以找到原创的灵感,从而写出一篇好的软文。

笔者建议大家平时还要多看和软文写作相关的文章和书籍,并勤做笔记。这是丰富一个人的语言词汇、提高其叙述能力的最好的办法。如果书都不看,各方面的知识都不了解,怎么能写出好的软文?就像作家金庸一样,他笔下的武侠小说不只有打打杀杀,还有各种历史典故、风土人情,甚至小吃美食等。一定要多看书,多收集各方面的资料。这样下来,一旦看到一个产品,你脑海里就会第一时间浮现某个曾经看到过的段落,软文写起来也就有的放矢，得心应手。

6. 由视频媒介发散

在软文创作缺乏灵感和素材的情况下，可根据著名电视剧、电影等视频媒介进行改编，这同时也是锻炼思维能力的有效途径。

例如看电影的时候，要注意里面的台词和叙事方式等，在故事进行到一半的时候可以暂停想想，如果自己是编剧会怎么安排？然后看看自己的安排和原版的结局是否一样，从而锻炼自己的思维能力。这一点很重要，软义写多了会有思维枯竭之感，因为什么题材都用了，什么故事都编了。一定要多锻炼自己的奇思妙想，才能不断有新的写作思路。

7. 向用户和行业渗透

不要告诉我你不了解自己的行业，也不要告诉我你不了解自己的用户，因为如果你连自己的行业、自己的用户都不了解，就算再能说会道，写出的内容也会千篇一律，或者是浮在云端，永远落不了地。用户不是傻子，一眼就能识别出来你是专家还是"砖家"。我们所有的文章，不是给自己看的，而是给用户看的，所以写文章的时候，应该根据用户的喜好来写。值得注意的是，这里说的"用户"，指的是目标用户群体。

撰写软文一定要有用户思维，也就是站在用户的角度去换位思考。用户接受了、喜欢了，对用户有帮助、有价值，你的文章才有价值。写作素材的收集当然也要以此为抓手。

8. 善于发现、制造话题和素材

注意这里有几个关键词，一个是"发现"，一个是"制造"，一个是"话题"，一个是"素材"。

发现，是指身边已经有的东西，你突然注意到；

制造，是指没有发生的事情、之前不存在的东西，将其人为制造出来；

话题，是针对某一个热点，或者某一个大家比较感兴趣的内容，引起讨论，这样的叫话题；

素材，是发现、制造、话题留下的印记，例如聊天记录、语音、截图、视频等，这些都是素材。

将以上四点结合起来，你就会明白什么叫作"世事洞明留学问，人情练达即文章"。

2.2 软文五步速成法

1. 搜集资源，选择素材

想要找到大量的软文素材，前期需要对各类网站、公众号等其他媒体平台进行详细的分类，然后对其发布的文章进行关键字搜索。当然也可以用百度搜索一下，如在百度经验、百度文库、百度百科等搜索高指数关键词。还可以通过各类门户网站如网易、新浪、A5网等进行搜索，以及搜索一些自媒体如微博、高人气博客等。还可以通过浏览传统的纸媒如报纸、杂志等，找到与要创作的主题相关的内容进行学习和借鉴。

软文素材包括针对品牌的文章、产品的文章、特定人群的文章等。有些主题是时令性的，可能还需要搜索与当下时令相关的文章。值得注意的是，前期资料准备很重要，至少在开始撰写前，要尽可能多地参考一下各种已有文章。

素材选择好后，需要将这些文章再通读一遍，来判断其标题、类型、框架、中心思想等是否可以借鉴、能借鉴多少。

2. 不要在开始就定下文章的标题

有时候，文章写完了会发现跟最初设想的完全不同，但是质量更好。所以在写作之初可以先想一个差不多的标题，放到那里，虽然这个标题不尽完美，但是只要能定下基本方向就可以了，不要一开始就在标题上浪费太多时间。

3．归纳整理，拆分组装，罗列提纲

虽然前面整理了各种信息，但是这些信息还仅仅是一些碎片，写作时需要将它们整合起来，再次过滤，把没用的信息删掉。这个过程是最费力的，因为这时我们脑子里面还没有文章的最终结构。在此给读者提供两点建议：

一是把留下来的信息先进行分类，把相似的放到一起，然后识别各条信息之间的逻辑关系，例如由一条信息可以推断出另一条信息，或者为同一个论点找到多个论据等，明确软文写作的核心话题；

二是对一些信息进行拆分、组装。拆分、组装之后如果有了初步设想，就可以开始罗列提纲了。此时文章也有了一个大概的写作方向，然后按照这个提纲去填充相匹配的内容即可。

4．优化排列布局

把前面的内容进行先后排列组合，基本确定写作结构（例如总分总、总分等）。具体可以按照简介、副标题、引用、数据等顺序进行组织，也可从写作的目的、切入点、软文类型等开始创作。

5．修改润色，美化排版

在文章写作完毕之后，除了必要的修改、润色，还须进行排版、插图等工作，使整篇文章无论是在外观上还是在内容质量上都能过关。

总而言之，软文创作的每一个步骤，无一不考验着写作者的能力。想要写出一篇优质软文，不仅需要具备基础写作能力，还需要具备分析能力以及营销、判断能力。这些能力需要在日积月累的工作中，通过不断实践、总结

练就而成。

2.3 软文撰写"三个三"训练法

软文撰写"三个三"训练法包括三个阶段、三种心态以及"三个100"——看100本书、写100篇文章、向100位老师请教。

2.3.1 软文撰写的三个阶段

1. 敢写

别只是花很长的时间打腹稿，在脑子里写计划。软文创作只有靠实实在在的下笔，才能不断提高自己驾驭写作的能力。记得有位作家说过这样一句话，对我触动很大："彻底抛弃'做好心理准备后就写'这样的想法吧！"当一直想着"我再准备准备"，却始终不行动，这就是在给自己的拖沓行为找借口。这时就会出现逆反心理，非要在准备得非常充分后，才会开始行动，然而这时可能离交稿日期也非常近了，慌忙之中也并不能将充分的资料进行有效组织，所以要敢于下笔。

还有一种情况是不知道写什么。先从写日记开始吧，可以像记"流水账"一样写写每天都干了什么，例如听课的收获，看书的心得。也可以记录每天和朋友的谈话，例如今天和某个人聊赚钱，明天又和某个人聊行业，把这些聊天记录写成文章也是可以的。其实，很多人都喜欢了解别人的故事，如果你能写出每天自己都做了什么事情，那么粉丝会认为你很真实，慢慢地也就会信任你。在阅读书籍，观看电影、电视剧，听音乐、听课之后，都可以把心得写出来，有些粉丝看到这些内容后会很感兴趣，甚至也去看提及的书籍、电影、电视剧，那么这样就影响了粉丝，帮助了粉丝。

此外，还可以仿写干货，就像书法训练中的临摹一样，先临摹一段时间的名家作品找找感觉。例如，能否改编歌词、台词或某些经典广告、文学金句，使其和你的产品有关？或者能否学着绘制下热门电影的海报，仿一仿淘宝、京东、唯品会、蘑菇街上的经典文案？能否改编流行的段子，或者评论下名人、名品？总之，要赶紧行动起来，突破写文章的"敢写"阶段。

2．会写

"会写"这个阶段是建立在"敢写"的基础上的，光靠"敢写"不够，还要"多写"，正所谓熟能生巧，写得多了，自然就能找到写作的技巧和方法。

跟万事一样，只有大胆去试，才能了解软文的妙处。过去写作是一项基本技能，如今也是，尤其是在强调新媒体营销、内容营销的当下，一篇软文回款百万、千万并不是奇迹，写一篇文章赚一辆宝马也不是奇谈。此外，对于写作来说，其本身就能够给人带来巨大的愉悦感。对于作者本人来讲，写作也会让人变得更精确、更注重细节、更刨根问底、更真切地关注他人。写作可以把私人的记忆变成可供群体共享的经验，可以把更迭的时事变成凝固不变的历史。即便是日常的邮件，如果能写得漂亮，也会让人欣赏和感动。所有这些文字，其实都不是浮于生活表面的，它们是深度思考的见证。在我们生活的这个时代，可以毫不夸张地说，文字即是人的思想。

3．巧写

知道了写作的价值，接下来就要掌握一些撰写技巧，使观点能够清晰流畅地表达。而当脱离了一切撰写技巧，也就达到了写文章的最高境界。以如何组织开篇为例，因为"文无定法"，文章的开头也没有固定标准，究竟选用哪种方法，要从自身需求入手，但要尽量写得简洁、新颖、别致，力求做到"雏凤点头、一鸣惊人"。之后再配合其他相关技巧，达到"巧写"。

2.3.2 软文撰写的三种心态

1. 成长心

写作，态度端正、积极很重要。很多软文写作者都是以传播的心态在写，而不是以成长的心态在写。

我把写作当成是一种帮助我不断认识自己、认识世界、主动学习的非常有效的工具。有些文章其实写得并不好，但浏览转发率却非常高；而有些文章写得也没那么差，但就是没人浏览，没人转发。前者固然能为作者带来很大动力，但后者也要正确看待。以成长心来撰文，给我带来了很大帮助。就像锻炼身体一样，以成长心认识到这是一件一生都不得不做也非常值得做的事情，那么坚持就能变得简单许多。所以我的建议是，刚开始别给自己太大压力，软文写作者要怀着一颗成长的心，才能有新的突破。

2. 企图心

什么是企图心？企图心是发自内心的渴望。有的学员跟我说："老师，我想学习软文写作，希望您能带给我改变。"这是很不靠谱的，要知道他人能影响你的都是外因，真正能给你带来改变是内因。正如一块石头，温度再适合也孵不出小鸡来。如果你真的想要学好写作，就要有强烈的改变自己的欲望。当你主动想要把一件事做好的时候，就会想尽一切办法；而当你觉得它只是一项任务，完成就交差的时候，也不可能有源源不断的解决问题的思路。正所谓世上无难事，只怕有心人。聪明的人，知道用心做事，投入干活，能征服一切的就是"认真"两字。无论听、看或者说，切记不可知之皮毛，不求甚解，态度决定一切。虽说每个人天赋不一，但勤能补拙。用心做事，踏实做人，这不只是软文写作中的道理，生活、事业乃至人生，大都如此！

3. 好奇心

好奇心是探索未知事物的动力，它能够让人拥有丰富多彩、活力四射的生活。但更为重要的是，你需要尽可能地去体验生活，永远不要惧怕失败。现在的错误对将来是有好处的，它的全部价值也只会在将来才能得到体现。丰富的人生阅历，以及面对困难的勇气，都是成为一个好的软文写作者的前提。如果你已经拥有了这些特质，那说明你已经在路上了。

2.3.3 软文撰写的"三个100"

1. 看100本书

要想成为一个好的软文写作者，需要有足够的知识储备。知识储备分两种：一种是很宽泛的一般性知识；另一种是非常特殊的有针对性的专业知识。一般性的知识能够让你拥有丰富的素材库，基于素材库，在写作时就能够有很多的创意迸发出来，碰撞出更多的思维火花。

熟读唐诗三百首，不会作诗也会吟。读书对于写作来说意义重大，软文分内容层面和技术层面，而内容自然是软文撰写的重中之重。要想成为软文写作高手，一定要不断地去学知识，不断地去积累更多的精神食粮。经常有学了一段时间软文写作的学生问我："王辉老师，我跟你上了一段时间的课，为什么感觉文章还是没你写得有吸引力呢？"我反问道："在给你们讲课前，我可能看过不低于500本书，而你连100本书都没看过，怎能和我相提并论呢？"如果想在软文营销这个行业有一定的造诣，达到一定的高度，甚至成为行业领袖，那就必须要钻研，而钻研的基本功就是多读书。

另外，现在市场上的书鱼龙混杂，很多书是东拼西凑而来，并不能给你带来实质性的帮助，所以看书前要会选书。这里的"100本"只是泛指，读书当然多多益善，而读书也不能只图数量，如果看了没有吸收，或知其然而不知其所以然，那读跟没读区别也不大。另外读书不要陷入误区，很多人甚至恨不得把需要十年学习的内容在一夜之间掌握，所以经常能在互联网看见类似"5分钟精通文案写作""60小时成为软文高手""72小时实现软文吸金"等标题。曾经有一个学员想跟我学文案，问我需要多久，我说一期21天，他说太长了，没时间学，我也就不再回复。如今有一部分人，哪怕是花60小时读一本书也还是觉得久，所以就用了所谓的"跳读"，跳着跳着，终于花1小时看完了。但就算是1小时，有些人觉得还是多了。现在这个社会，每个人都在抱怨"时间不够用"。所以催生出了一种移动互联网环境下的新的读书途径：看书籍摘要文章，听核心观点解读。现在就连很多中小学生都很难做到只字不差的阅读。不得不说，快餐式阅读的最大问题，就是让人慢慢失去了独立思考的能力。在这种模式下，哪怕你看了再多的好文章，那些内容也不会留存、积淀在你的脑子里，除非你开始主动思考。

建议大家在开始阅读一本书之前，先大概地浏览下目录，或者去豆瓣上看一下书评。然后回答以下几个问题：这本书主要讲了什么？这本书可能会解决自己哪方面的问题？读完这本书，自己会在哪些方面有提升？同时要培养良好的阅读习惯，建立属于自己的知识框架。而这一切，都建立在主动学习的基础上。

要始终明白这样一个道理：所谓作家、编辑等，其实他们都有很好的获取知识的途径，那不是文章，而是书籍。书籍可以说是一个人思想的结晶，好书更是这样。一本书的诞生可不像一篇文章一样，埋头写几个小时就能出炉。通常一本书都是作者多年实践、体会的精华，或者是教学成果的总结和整理。而一本常年畅销的书，更是经过了很多人的检验。所以，选择一本好书就如同选择了一位好老师。

2. 写100篇文章

想要系统地提高写作技能，就要留心观察生活中发生的事情，积累写作素材。随时记录灵感，有了想法就第一时间写下来。可以写书评、写影评、写热点、写痛点，例如很多人关心的"钱""时间""单身"等生活化的内容；也可以写近期个人生活总结、工作总结。坚持每天写500字，对内容不做要求，只是保持写作的习惯。很多写作者总觉得写一篇文章需要很长时间，所以会一直拖延，等到有大块时间再开始。就算手头有半个小时、一个小时，也不会动笔，而是习惯性地拖到明天。其实每天只写10分钟，或者写50字，坚持下来，就会发现收获远比想象的要大，而且灵感也是写着写着就来了。

那么如何才能由内到外地改善写作思维和能力呢？现将来自几位知名作家的23条经验分享给大家，以供参考。

（1）写不好很正常，没什么大不了的。

"很多人都害怕写砸，正是因为这样的想法在作怪：这么差的文章是我写出来的。千万别这么想，要想会写好的。对我来说，万事开头难。要有自信，而且不要给自己太大的负担，因为你不能保证一直写出好东西。写作的人会习惯接受成功的作品，我觉得这点是很多作家担心写砸这一心理障碍的成因。例如，发现没写好时，就应该抱着能写怎样就先写怎样的心态。当我在写《保持》（The Keep）时，就写得很糟糕。我在工作日记上把这个初稿描述成糟糕的短篇小说。我当时想：太令人失望了。"

——Jennifer Egan：美国作家，普利策奖获得者，著有小说《恶棍来访》

（2）找出最合适的写作时间。

"找出你一天中的最佳写作时段去写作。别让任何事打扰你。厨房乱不乱根本不关你的事。"

——Esther Freud：心理学大师西格蒙德·弗洛伊德的曾孙女，曾被格兰特杂志选为英国最佳青年小说家之一

（3）清除一切可能的障碍。

"例如，在一个断网的电脑上工作。"

——Zadie Smith：英国女作家，著有小说《论美》

（4）选一个主题。

"选一个你关心，其他人也会关心的主题来写。要记住，不论你多么发自肺腑地表达情感，对于读者来说，除非是他们真正关心的主题，不然怎么都不会太关心。所以，关注你的主题，而不是想办法去显摆自己的文字，玩文字游戏。我也不是在逼你们写什么小说，如果你们真的对某个话题感兴趣，可以写出你的想法，我不会干涉。例如，你家门前有个大洞，你写给市长的投诉信就需要真诚；再例如，你向邻居家女孩写情书，也要真诚才行。"

——Kurt Vonnegut：被誉为美国黑色幽默文学的代表人物

（5）整理你的思绪。

"把你平时的笔记、素材好好整理出一个有条理的主题，然后继续更新补充（如果你是摘抄好的素材，就必须从中学到什么，不能一味抄，要让自己有长进）。要相信自己，即使别人的话题再好，被人用过的，就不要再写了。你在写作的时候，不免会有人提供一些好的能解决问题的点子。这时，只要能帮你解决问题，都要去试试，除非以下情况：已经知晓并且自己已经在用的；没有实际效果，时间也不允许的。"

——Maryn McKenna：《环球科学》专栏作家

（6）写作提纲很重要。

"拟定提纲，作为写作的线索。当然，可以在中途重新调整大纲，但是千万不要先动笔，再考虑结构问题，结构是需要先想好的。当你不能预计何时才能完成整部作品时，写大纲就会帮你多出1000字来。"

——Bill Wasik：*Harper's*杂志编辑

（7）把最初的想法迅速消化并写出来。

"写完了初稿之后，把心思都用在接下来的行文结构方面，绝对不要不断地回头去反复纠结理念和初稿。确实，当我在写《林肯的忧郁》初稿的最后一页时，才有了一个大致的框架。但是之前我却浪费了很多年，写到初稿的

1/3、1/2时，我都纠结过一次。写不好，再重新写。有经验的作家告诫我们：要有勇气写砸。"

——Joshua Wolf Shenk：美国作家，著有《真实的林肯》

（8）写作的规范：保持自律。

"把写作当成一份工作，严格按照工作规范去做。许多作家都对此有点强迫症。Graham Greene（格雷厄姆·格林，著有《我自己的世界》《恋情的终结》《人性的因素》《布赖顿硬糖》《第三者》等）以每天写500字而著称；Jean Plaidy（以多个笔名创作了很多作品）能做到在午餐前写5000字，然后花下午的时间来写回信给读者。我的底线是每天1000字——有时很容易做到，而有时，老实说，就像便秘似的，但我仍会坐在工作台前直到完成，因为我知道这样做的话我是在一步步地推进我的书。那1000字可能十分垃圾——它们经常如此。不过接着，在以后某天再回味这些"垃圾词句"时，将它们润色修饰就容易得多了。"

——Sarah Waters：著有《荆棘之城》《半身》等作品

（9）适当畏惧。

"无所畏惧是不可能的，就让小小的惧意驱使你去书写，把更大的恐惧放在一边，直到它们有所动作——然后运用它们，甚至可能去描述它们。太多的恐怖会让你沉寂。"

——AL Kennedy：苏格兰小说家，著有《天堂》《你所需要的一切》等作品

（10）在写完全文之前不要回头检查。

"直到写完整个草稿，才能往前回顾，每天从你前一天的最后一句开始。这样可以防止沾沾自喜的情绪，也意味着你在真正投身工作前有个实质的成果。"

——Will Self：英国新生代小说家，主要作品为《巨猿》

（11）培养专注力。

"在一次私下联系中，作家Raymond Chandler告诉我一个秘密，每天他即使不写作，也会静坐在桌子前，静心沉思。我明白他这么做的用意。Chandler在磨炼自己以具备更强大的耐力和毅力。这个日常训练对他而言，是必不可少的。"

——Haruki Murakami（村上春树）：日本小说家、美国文学翻译家。著有《挪威的森林》

（12）掌握同时间处理多任务的能力。

"任何时候都要有一个以上的构思。如果要我在写一本书和什么也不做间选择的话，我总是选择后者。只有当我有两本书的构思时，我才会从中选一本来写。我总是感觉自己在逃避。"

——Geoff Dyer：著有《前进中的时刻》《巴黎恍惚》等作品

（13）朋友圈子会对你产生一定的影响。

"不要和你的反对派混在一起，你需要有自己的社交圈。比较理想的是，你圈子里的作家朋友都是不错的，他们会给你最中肯的建议。但是成为作家最好的方法还是老老实实写作。"

——Augusten Burroughs：美国作家，著有《深度郁闷》

（14）重视反馈。

"记住：当人们告诉你什么事不对或者对他们来说不合适时，他们几乎总是对的。然而，当他们告诉你确信哪儿一定有问题或者该怎么精确地去补救时，他们几乎总是错的。"

——Neil Gaiman：奇幻作家，著有《睡神》系列

（15）写完后找他人读一读。

"读自己的书不像你读一本新书的美妙首页那样能怀有天真的预期，因为

是自己写的，你已经知道所有内容了，也知道了魔法的奥妙之处。因此在你拿给出版界的任何一人看之前，请一两个朋友读读看。除非你想要分手，否则别找你的约会对象来做这件事。"

——Margaret Atwood：加拿大作家、诗人、评论家、女权主义者、社会活动家

（16）用他人的卓越和成就鼓舞自己。

"试着想象别人的幸运是对你自己的激励。"

——Richard Ford：美国作家，著有《体育记者》及续集《独立日》

（17）知道何时停止。

"停笔休息的时候就彻底放松，在你还想继续休息的时候要确保完成当天的写作量。"

——Helen Dunmore：英国诗人、小说家、儿童作家

（18）正确面对写到一半受阻的情形。

"如果你写作受阻，那就离开桌子。去散个步，洗个澡，睡一觉，做个派，听听音乐，冥想，做运动。无论你做什么，别死盯着问题。但不要打电话或者去聚会，如果这样的话，别人的言行或多或少会影响你，自己要有所取舍，为自己创造空间。耐心些。"

——Hilary Mantel：2009年布克奖得主，著有《狼厅》等作品

（19）对于突发状况有所准备。

"计划赶不上变化。很多时候在一夜之间，事情就会变得无法掌控。打个比方来说，意料之外的事就好比是头正在长大的狮子。你必须每天去看看它，以此重获主动权。如果你漏了一天的工作，那你就会非常担心再次面对它。等你重整旗鼓去看它时，还需要拿把椅子挡着以防意外，然后叫到：辛巴！"

——Annie Dillard：美国作家，著有《溪畔天问》

（20）排除环境的干扰。

"即使世界变得一团糟，你还是得继续写作。写作不需要烟，不需要默不作声，不需要音乐，不需要舒服的椅子，也不需要安宁的环境。你需要的只是10分钟和一套书写用具。"

——Cory Doctorow：加拿大科幻小说作家和技术激进主义分子

（21）尽人事。

"我相信一个好的作家还是需要坚持己见，不需要'被告知'什么。只要想着自己规划的目标，尽力做到就可以了。一旦该做的都做好了，就可以将其公布于众了。但是我发现，年轻作家并不这么想。他们往往写好初稿后，就马上向他人讨教起怎么才能使初稿更完善。所以我告诉自己千万别这样，我还是会坚持自己的初衷。因为我慢慢意识到：没人能给我什么好的建议，只要我尽全力写到最好就足矣，如果发现还不够尽善尽美，总有一天自己也会妥协的。"

——Chinua Achebe：尼日利亚作家，被誉为"非洲现代文学之父"

（22）要有毅力。

"当我在做一件事的时候，已经完全精疲力尽、魂飞魄散、再坚持5分钟也没有任何意义时，就会逼迫自己：那就开始写作吧。奇迹出现了，写作转变了之前的一切，或者说，至少看起来一切都来劲了。"

——Joyce Carol Oates：作家，著有《他们》《消失的母亲》等作品

（23）其实这些建议都不用太当回事儿。

"要写出一本书的方法就是真的去写一本书。用笔也好，打字也罢，关键是真正写出点什么。"

——Anne Enright：爱尔兰作家，2007年布克奖得主，著有短篇小说集《便携式处女》

目前公认的最有效的学习方法就是输出，甚至可以不夸张地说，80%的学习成果都是最后的输出提供的。输出的方法很多，像做PPT、写读书笔记、做思维导图等都是。输出只有一个要求就是具备结构，这就像盖高楼先建框架一样，有了结构，再将其余的知识和信息补充在结构之上即可。时间一长，你便会成为一个能根据结构组织内容的人。

有人说，我文笔不好，不知道该怎么写。

其实很简单，写得多了就会写了。最重要的是要开始行动。刚开始的时候，可以以摘抄为主，对某些句子加上适当的思考。随着输出的增多，慢慢地可以开始写自己的感悟和思考。没有什么一蹴而就的过程，也没有人天生就很会做演讲、写文章，都是练出来的。通常一个人在输出的时候最容易发现自己知识上的欠缺。输出还有一个巨大的好处就是能为你的阅读留下记录，以便以后需要的时候快速检索到相关知识，帮助回顾阅读内容。

3. 向100位老师请教

在学习和修行的路上，我们往往需要到处寻找老师。人生难遇一明师，当我们遇到的时候，怎样才能学到老师的真本领呢？归根到底还是要多问、常说、勤沟通。

三人行，必有我师。圣人曾告诫：不耻下问。文案当然要自信，但更要学会提问。提出问题是解决问题的前提，同时也是一个锻炼思维的过程。不一定要能说会道，但一定要有问必求，有求必应。在软文的写作过程中与美术指导、客服、客户等多多沟通，日积月累，能够解决很多问题。

当前市场上关于软文营销的培训班遍地都是，在选择课程和导师时要慎重，不要听了课程介绍就报名，一定的了解和审核是必要的。此外，结合自己的实际情况向老师求助，这样主动出击获得的效果一定比被动接受要好得多。这里的"向100位老师请教"也不是非要在现场当面进行，还可以加入这些老师的社群，关注他们的博客、公众号，阅读他们出版的书籍等。通过多种途径向别人学习，他山之石，可以攻玉，只有如此才能计自己的软文写作水平突飞猛进。

2.4　软文撰写前的正确导向

电影《大腕》里有一句台词："你得研究业主的购物心理"，同理软文撰写也要研究受众的心理。毕竟看多了广告，人们也会产生审美疲劳。传统的营销方式是向客户强制推送广告信息，迫使他们停下来与我们交流，显然客户会产生抵触情绪，达成销售更不容易。后来我们知道了要让客户去主动关注自己，于是"标题党"等方式出现了。然而，在传播量直线上升的同时，广告的销售转化率却没有如想象中一路飙升，为什么？标题虽然吸引眼球，但客户点开后却发现这只是篇广告，一种被欺骗的感觉油然而生，必然难为产品动心。如今新媒体盛行，软文撰写想走得长远，还要倡导有差异的、有价值的、有共鸣的内容。

例如卖汽车的，可以和消费者谈谈汽车保养常识、延长汽车寿命的驾驶习惯等；卖护肤品的，可以分享四季护肤小窍门、食补养生汤的做法等。传递的内容虽然不提及品牌或产品，但却与所在行业息息相关，是受众人群所关心且需要的内容，具有可读性。

2.4.1　内容创作差异化

大家都是卖汽车的，你今天发布文章谈汽车保养，他明天发布文章说同样的题材，那凭什么让受众青睐你而忽视他？其实可以换个角度，想到一般女性车主大多对于汽车保养的知识不太精通，那么就可以策划一篇类似于《专为女车主打造的汽车体检手册》的文章，通过角度变更，找到有差异化的内容，让自己的信息脱颖而出。

2.4.2 内容创作价值化

注意软文价值的提升，内容有价值，才可以调动用户的积极性，才会有那么多人愿意花时间耐心去阅读。判断内容是否有价值，可以参考其需求度、可读性、新意度等。平时我也在关注很多营销类、品牌策划类、新闻传媒类的平台，不过对于他们发送的一些关于"思维模式、营销理论"的内容就很少点进去看，因为虽然标题都很诱人，但是点进去就会发现内容大多空洞，只是纸上谈兵而已。反之，有一些标题看似平淡的文章，却详细讲述了其营销手段的整体执行流程，具有参考及学习价值。

2.4.3 内容创作共鸣化

产生共鸣需要条件，即知道读者在想什么。总是写自己喜欢的东西，却忽略了别人的需求，别人没有产生一点共鸣，那么读者自然会少之又少。其实每个行业都是一样的，把"我们给用户的"变成"用户想要的"，效果就会好很多。所以下次在介绍产品的时候，不要像硬广告一样过多地渲染自己的产品有多优质有多高端，拿过多少大奖，用户只会觉得拿奖关我们什么事。要跟大家介绍产品可以帮用户做什么，只有关乎用户的自身利益，他们才会上心。

但如何更好地了解用户所想呢？动脑思考下，用户是谁？用户上网都搜索了什么？搜索的目的是什么？要与读者产生认知上的共鸣，首先要认清你的受众人群，按照他们的喜好推送相关的内容。很多平台如微博、微信等都开通了分析用户属性的后台功能，通过这些功能可以了解受众的男女比例、城市分布等信息，再与自身行业相结合，对目标受众的喜好做出大致判断。以搬家行业为例，想想上网搜索搬家的用户有什么特征？当然是需要搬家了。那搬家前用户想要了解什么？当然是服务的价格和搬家公司的地址、电话了。只要知道用户内心所想，那么写一篇有共鸣的软文是非常轻松的。

俗话说"文好题一半",想要让文章与用户产生共鸣,标题更要打动用户内心。正如第一次和一个人见面,五官决定了第一印象,内在是慢慢才会去了解的。而软文的标题正是人的五官,它要吸引用户的目光,解决用户内心的需求,让用户产生进一步了解的冲动,让用户知道这里有高价值的内容。前文对此已介绍不少,这里只是再提醒一下。

第3章

软文创意24招

1. 写行业知识

如果手里有行业最好的资料,就要想办法让消费者快速了解行业真相,这就是绝对价值营销。此类软文撰写就是以企业品牌的名义向潜在客户群体传达一些行业知识,利用这类知识资讯,提高企业在行业的权威度。如图3-1所示,就是一些此类软文的案例,它们一般以传播知识与经验为主,实际上是利用心理学的"互惠原理"去感染人、影响人,继而建立品牌地位。

图 3-1　行业知识软文(来源:今日头条)

优秀的公关、营销和销售人员,都善于利用心理学中的一些原理作工具,去为自己服务。而"互惠原理"就是其中常用的一条。

分享行业知识型软文也是基于此原理。分享经验的同时,其实也是在免费给读者普及知识,帮助他们少走弯路、解决问题。读者免费接受了你的馈赠和帮助后必然会想着回报你。但是他又不认识你,如何回报你?那只能是向身边的朋友、同事、同行去推荐你、赞美你,帮你建立口碑。在这个过程中,你的企业的知名度与影响力自然就建立起来了。

2．写引进人才

如果挖到了曾在大企业或知名企业工作的技术人才或高管,就可以把这个事情通过媒体发布,让顾客看到企业的实力,也让更多顾客倾向选择你的产品。例如比亚迪就通过发布挖到奥迪设计师的软文,提高了自身的美誉度,如图3-2所示。

图3-2　比亚迪挖到奥迪设计师的软文（来源：今日头条）

3．写企业实力

如果企业签约了大订单,或是和知名企业达成了战略合作,也都可以写出来,以展示企业实力,如图3-3、图3-4所示。

图 3-3　QQ 音乐与环球音乐的战略合作
（来源：新浪微博）

图 3-4　马云与山西省政府的战略合作
（来源：医众通）

4. 写新品上市

很多企业在打造新产品前都是先写新闻稿。这意味着尝试从客户那里倒推，而不是在有了产品的想法后，再试着把客户拴在上面。尤其是电子产品更新换代较快，很多手机品牌像苹果、华为等都会在全国乃至全球召开新品发布会。能把新品上市新闻稿写得既紧扣产品战略，又贴近用户需求，还简洁、明了、直观，符合当下的阅读习惯，才是成功的营销。

在撰写新品上市的软文之前，需要对市场做一个全面的调查和分析，挖掘出潜在的用户，以便采取可行的策略。需要注意的是，这样的调查和分析要精、要细、要准。

新产品的定价一定要科学、合理。定价过高，会加大上市的难度，造成难以打开市场的尴尬；定价过低，在上市后就会难以上调售价，从而影响企业的利润，同时也会遭到同类产品的围攻甚至引起恶性的价格大战。事实上，一种新产品的定价，应该根据产品的材料成本、包装费用、运输费用、经销商手续费用等一系列参考系数决定，要和同类产品多比较，做出一个科学的合理的定价，当然也要考虑营销策略。

随着科学技术的发展，同质化市场逐渐形成，很难在同类产品中找到"异军"，尤其是那些技术含量不高的日常消费品。我们认为，在这样的条件下，要讲究市场诉求是否独特。如果新产品目前在市场上还没有，那么就可以直接把它的利益点诉诸于众，告诉目标群体此产品有何种优势，这样的优势是其他产品所没有的，并且要大声地说不断地说；但是，如果新产品在同类中并没有显眼的特点，这就要求在广告宣传中讲究技巧。新产品的上市，其诉求点一定要独到、个性。否则，竞争对手凭什么要分一杯羹给你？消费者凭什么要给你赏脸？

例如图3-5中华为的这篇软文，开篇就将产品定位非常精准地传达给受众，接着对新品高性能的特征进行了详细描述，为产品做了强大背书，通过强调可靠性和安全性来赢得受众对产品的关注，从而获取信任达到营销目的。

图 3-5　华为的软文（来源：华为企业 BG 中国分销业务）

5. 写公司旅游活动

如图3-6所示，把公司员工集体出游的情况通过新闻稿、微信图文的形式传播，这是向外界展示团队形象的最好方式。其实公司旅游本身就可以推广企业文化，增强企业的凝聚力，正所谓有了共同价值观的员工才能拥有共同的目标。团结协作、共创辉煌，这是建立企业文化的宗旨，向外界宣传企业形象的同时，也能为更好地吸引人才及增加公司美誉度助力。

图3-6　公司的旅游活动软文（来源：东方百佳）

6. 写公益和慈善

公益事业也是生产力，良好的声誉能够在很大程度上支持企业在市场营销、人才招聘、广告传播及与各方合作等经营活动中所做出的承诺，使企业内部员工和外部合作伙伴都对其产生更大的认同感及信赖感，从而提高企业在多层面上的交易成功率,降低直接交易成本。所以,公益活动能在最大程度上体现企业的核心价值观和企业文化精髓。事实也已经证明,在产品越来越同质化的今天,参与公益活动不仅能满足企业对差异化竞争的战略追求,同时也是提高企业竞争力的重要途径。

公益事业也是企业公共关系的重要媒介,企业进入任何一个市场,都涉及与当地的公众及社会各界的公共关系,很多企业甚至提出了"公共关系是第一生产力"的口号。而参与公益事业无疑是处理公共关系的最佳手段,这已是被跨国企业实践证明的企业经营真理。成熟的企业,也应具有承担社会责任和义务的价值取向这一重要内涵。通过社会公益活动传播企业形象,不仅能更好地寻求与社会公众的情感共鸣,促进社区、公众等社会各界对企业的认知,还能树立企业的良好社会形象,为其产品进入目标市场展开最好的公关方式。所以,将社会公益活动与企业市场行为结合起来,在使企业扩大市场占有率的同时也提升了企业品牌的美誉度,产生了1+1>2的效果,将对企业的长久发展产生积极而深远的促进作用。

参与公益事业表面上看似增加了企业成本,实际上当企业投身社会公益事业后,可获得比捐助额多得多的社会资源和无形资产,扩大企业的社会影响力。如企业名誉与信誉的无形传播、其他社会资源的无形凝结,尤其是多渠道创意撰写为企业带来的正面形象宣传等,都是一般广告所不能完成的。

企业可做的公益活动有很多,如"某某集团端午节请空巢老人聚餐,每人发一盒粽子",以及如图3-7所示的案例等,这类素材在网上随处可见。

7. 写评论

评论是对新闻热点事件进行有逻辑、有观点的议论、评价,给社会公众以解释、梳理、启发、警示,起到引导作用。从形式上说,它的观点表达方式是直白的,有明确的判断、态度倾向或分析结论。评论讲究有的放矢、就事论理、有感而发,其立意贵在"准""新""深"。

立意"准",指评论基本观点正确、切合实际,符合基本常识,不以偏概全,不涉及国家违禁内容,表达观点恰如其分,合乎情理,这也是保证评论的导向正确的必要条件;立意"新",指的是见解新颖、论点新颖,能给读者以思想启迪,给实际工作以新的启示;立意"深",就是要把评论涉及的基本道理与核心论点分析透、论述透。

综上所述,只要将你的观点娓娓道来,或铿锵有力地将事实表达出来,或在别人的观点上加以补充然后组织成文,一篇评论性软文便大功告成了。其实评论性软文的创作,稍微具备点写作功底的人都可操作。如图3-8所示,就是一篇评论性软文。

图3-7 公司开展公益活动的软文(来源:双鲸健康)

图3-8 评论性软文(来源:车文驿)

8.写故事

也可以通过软文来讲一个引起共鸣的故事。很多公司在电影上映、产品上市、活动开始之初,就会在社交网络上发布一些背后的不为人知的故事——它们大都是一些筚路蓝缕、可歌可泣的经历,从而以获得共鸣的方式争取到尽可能多的曝光。

以创业故事为例,它既能讲述创业者的经历,也能告诉大家创业当中的技巧、经验和点子,让后来者针对自身情况进行借鉴,以达到帮助他人创业的目的。创业故事可从资金、年龄、学历、名声等各个方面进行讲述。经典模板如:几个兄弟怀揣梦想,放弃优越工作,度过苦涩岁月,在经费短缺的状况下,终于做出了一番事业。如图3-9所示,就是这种类型的例子。

其实每个企业的领军人物或创始人都有其各自的特点,不论是他的性格、业绩,还是经历,都能写成一个感人的故事,如罗永浩、马云、李彦宏、李嘉诚、雷军的创业故事等。当然如果产品有故事,也可以是软文创意的突破口。

9. 写权威

当企业的产品发布会在人民大会堂盛大召开,外观气势恢宏,内部流光溢彩,这能不令人震撼吗?当产品走进钓鱼台国宾馆,走进两会特供,还会有人认为,那是廉价的商品或赝品吗?当女明星在媒体上风姿绰约地推销一款新型手机时,还有人会觉得那款手机不上档次吗?当一家公司装修豪华,门口豪车密布时,谁又会觉得这家公司濒临破产了呢?

他独立编写了**国内第一套参数化大师级教程**
却也曾有过被嘲笑的梦想
即便如此,他仍笑着说

"梦想是要有的,万一实现了呢?"

是啊,万一实现了呢?
就是凭着这股自信与执着,他实现了**创业梦**
他,就是**王云翔**

图3-9 创业故事软文(来源:西安发布)

是什么原因让人产生心理上的变化？那就是"权威"！

庆丰包子铺因为习近平主席去吃了一次午餐，就火起来了，甚至有旅行社把"庆丰包子铺吃包子"作为一项旅游路线的亮点来推荐；蒙牛曾经让杨利伟代言，从而提出"中国航天员专用牛奶"的概念，让产品的健康品质深入人心；去医院看病，专家医生推荐的药品更能让患者决定购买……一个地位高、有威信、受人敬重的人所说的话、所做的事，最容易引起别人的重视、认可，更能让人相信他的正确性，这也就是所谓的"权威效应"。

相信权威这是全球不争的事实，既然如此，在软文撰写上就要迎合大部分人的心理，使自己的产品获得权威认可，进而为品牌进行推广。例如，某保健品获得大学教授赞誉；某餐厅菜品获得美食家好评入选央视《味道》栏目；美国《消费者报告》中显示苹果电脑故障率最低（如图3-10所示）等。

图 3-10　将权威写入软文（来源：新浪微博）

10. 造事件

造事件，也就是常说的事件营销。把握新闻的规律，制造具有新闻价值的事件，并通过具体的操作，让这一新闻事件得以传播，从而达到广而告之的效果，这就是事件营销。

给大家分享几个比较成功的案例以供参考。

1) 加多宝"对不起体"

加多宝的"对不起体"火了，得益于其之前在品牌切换上的大力投入。加多宝品牌自身具有较强的号召力，再加上持续已久的两家品牌的纠葛，让媒体和消费者有了一定的认知。不过大多数企业在处理类似问题的时候，均采取传统的公关方式，缺乏创意的内容和营销方式，基于以上分析，加多宝在第一时间，以如图3-11所示的"对不起"关键词和一组哭泣的小孩形象，形成了强烈的视觉记忆点。同时，加多宝通过新浪微博进行扩散，便于广大网友和粉丝进行讨论和传播。如图3-12所示，加多宝用极低的营销投入，实现了全国众多媒体的报道、众多意见领袖的关注、众多品牌的模仿和参与，大大提升了其品牌的影响力。

图 3-11　加多宝"对不起体"广告
（来源：新浪微博）

图 3-12　加多宝广告获奖
（来源：新浪微博）

2）可口可乐昵称瓶

可口可乐换了包装，印上不同的昵称迎合中国市场，如图3-13所示。在可口可乐的瓶子上写着"分享这瓶可口可乐，与你的……"。据不完全统计，目前市场上能见到的昵称有闺蜜、氧气美女、喵星人、白富美、天然呆、高富帅、邻家女孩、大咖、纯爷们、有为青年、文艺青年、小萝莉、积极分子、粉丝、月光族等十几种。

图3-13 可口可乐昵称瓶（来源：可口可乐官方微博）

3）有杜蕾斯回家不湿鞋

2011年6月23日北京下暴雨，这一话题无疑是全天热点，一名网友在当日下午5点58分发布了如图3-14所示的微博，2分钟后就已经被一些大号主动转发，迅速扩散。大约5分钟之后，杜蕾斯官方微博发表评论"粉丝油菜花啊！大家赶紧学起来！！有杜蕾斯回家不湿鞋~"并进行了转发。

图 3-14　杜蕾斯事件营销（来源：新浪微博）

短短20分钟之后，"杜蕾斯"已经成为新浪微博一小时热搜榜第一名，把此前的"积水潭"和"地铁站"甩在身后，这条微博也在当晚24点前被转发近6000次，成为当日全站转发第一名。根据传播链条的统计，杜蕾斯此次的微博传播至少覆盖了5000万新浪用户，同时其在腾讯微博、搜狐微博的影响也在千万人左右。

其实每天可以用来制造事件营销的素材有很多，就看你敢不敢用，会不会用。事件营销中，事件是载体，要根据产品特性选择相关的形式、主题，才能做到高效传播。营销是手段，通过营销思维植入事件，让事件更好地发酵。当然，在做事件营销时，一定要先考量风险。

11．追历史

要善于追根溯源，任何企业都有一些历史典故，这也是品牌策划、软文撰写创意的源泉。即使是刚刚注册的公司，其在品牌定位之初萌生的想法，以及所在地的历史人物传奇，或是创业历程及与产品相关的历史故事，都是打开软文撰写思路的利器。

有一个让我记忆犹新的卖麻绳的历史故事，分享给大家：

小镇上有两个卖麻绳的人家，他们出售的绳子质量不相伯仲，而价格却相差一倍。镇东这家的绳子卖1文钱一根，可购买者寥寥无几；镇西那家的绳子2文钱一根，购买者却络绎不绝。

有很长一段时间，镇东这家人都不愿意去探究为什么会这样，觉得客户只是暂时被蒙蔽了眼睛，他们最终还是会发现自己出售的绳子才是物美价廉的好东西。然而几天过去了、几个月过去了，他们的绳子依旧卖不出去，可镇西那家的生意却越发火爆。

终于，镇东的老板坐不住了，他派伙计偷偷地过去打听原因。没过多久，伙计回来了，还带来了镇西那家生产的一根麻绳。

老板拿来一看，发现对方卖的绳子居然还用油纸红丝线仔细包着，而包装纸上，赫然写着"御用麻绳"四个大字。

怎么麻绳也成御用的了？他正纳闷，又发现包装纸背后写了一排小字，说当年皇帝还是太子的时候，独自微服私巡，走到此处发现马的缰绳断了，方圆五里又没有买缰绳的地方，恰巧看到镇西这家人出售的麻绳，于是买了一根暂代缰绳。谁料此麻绳又软又韧，作缰绳绰绰有余，更不可思议的是，太子握着麻绳骑到三十里外的城市后，发现手上不仅没有被麻绳蹭破，竟然连一点红印也没有。太子欣喜异常，也没再买缰绳，而是直接用这条麻绳完成了私访民间的活动。后来他登基成了皇帝，当年他用过的麻绳自然也就成了"御用麻绳"，是逢年过节馈赠亲友的佳品……

镇东的老板恍然大悟，原来人们全是冲着"御用麻绳"这四个字而去买他家的麻绳的。

暂且不管镇西老板所谓的"御用麻绳"是否有什么历史考证，至少他给了麻绳一个与众不同的意义，就算是噱头，也还是让消费者们记住了这家"御用麻绳"。单凭这一点，就已经比镇东老板的默默无闻来得出色。

然而颇具经营头脑的镇西老板却仍不满足，他还希望自己的绳子卖出超越绳子本身的价格。于是他破天荒地把绳子包装成了礼品。消费者只要愿意接受这种形式的包装，也就意味着麻绳的附加值将被提升到一个全新的水平。事实证明他成功了。而他成功的原因，就是他给消费者讲了一个"御用麻绳"的故事。

不妨想想自己身边的品牌，究竟是什么原因，能够让你记住它的名字呢？

你可能没穿过李维斯的牛仔裤，但你一定知道李维·斯特劳斯放弃淘金梦，转而卖给淘金者工装裤，从而诞生了牛仔裤的故事。

你可能没逛过沃尔玛，但你一定知道，沃尔玛从一个小小的杂货铺起步，靠着半个多世纪的打拼，逐渐成为零售帝国的故事。

你还可能从未用过施华洛世奇的水晶饰品，但也一定多多少少听说过它的产品加工方法跟可口可乐配方一样神秘的故事。

这些品牌的背后，都具备一个共同的特点，那就是——有故事。

因为有了故事，一个品牌就不再是单纯的商业符号，而是一个有血有肉，值得我们玩味、倾听的活生生的对象。或许这些品牌背后的故事，有一多半都是夸张甚至虚构的，但这并不妨碍大众对故事的喜爱，因为大众喜欢听的，只是故事本身而已。

人们都喜欢了解不同于自我生存轨迹的事情，喜欢猎奇，喜欢打探别人的生活、经历。打探出的成果，就成了新闻、资讯、电视、电影……也就是所谓的故事。

爱听故事，是人的天性。无论是品牌的行销、媒体的推广，还是投资的吸引、企业的管理，其中的佼佼者，都是善于讲故事的高手。他们的故事动听、迷人，从而吸引了读者和受众。甚至可以毫不夸张地说，一个成功的人，一定是个"故事大王"。

从另外一个角度来说，撇开他们讲的故事，成功者本身就饱含着许多让人欲罢不能的美妙故事，所以尽最大努力去挖掘吧！这一点中国的酒业做得不错，可以到网上看一下，或许会引发你更多的思考。

12. 比对手

俗话说，货比三家，任何一种货品都有自身的优缺点，在撰写软文做产品介绍时，要拿自己的强项与对方的弱项相比较。同档次的产品被客观地一比，品质高低立现。但是有一点要注意，千万别恶意中伤去贬低对手，有可能你的受众与对手是买卖关系或者是合作伙伴，也有可能你的客户现在正在使用对手的产品，你的贬低就等于在说客户没眼光、正在犯错误，客户自然会反感。

千万不要随便贬低你的竞争对手，特别是对手的市场份额或销售业绩不错时。因为对方如果真的做得不好，又如何能成为你的竞争对手呢？不切实际地贬低竞争对手，只会让顾客觉得你不可信赖。在撰写软文时只需强调自己产品的独特卖点，即只有我们有而竞争对手不具备的优势即可，正如每个人都有独特的个性一样，任何一种产品也会有自己的独特卖点，在介绍产品时突出并强调这些即可，谈对手的产品点到为止。

如图3-15所示，2017年5月28日，玩车教授的一篇汽车类软文就采用了这个创意，写得比较客观，恰如其分地对比了三款车的优缺点，结尾倾向性地推荐了宝骏510。

图 3-15 玩车教授的汽车类软文（来源：玩车教授）

13．企业赞助国家的大型赛事或重大活动

为何众多企业不惜花重金赞助国家举办盛大赛事呢？

具体地讲，这是由于赞助国家举办盛事与活动与投放传统广告媒体相比，具备投入低、效益高的优势。据行业相关数据显示，花费同样的投入，赞助国家重大活动或赛事，尤其是对体育运动的赞助，对企业的回报是常规广告的三倍以上。

由于社会的发展，传统的广告媒体早已分化为报刊文字、电台广播、有线电视及网络等几个主要分支，而每个分支又有其相对固定数量的对象，因而导致了传统广告"受体"的分流。而体育赛事则不然。由于它的激情、活力、精彩与刺激，受到了全球不同肤色、种族、性别及年龄观众的普遍理解与欢迎。全球有17亿人通过电视观看1998年法国世界杯决赛就是最好的例证。伴随着体育赛事画面出现的广告的受众数量，是传统广告媒体无可比拟的。

除了体育比赛，运动队及球员积极向上、勇于进取的自身形象也对企业及其产品的形象起了"增值"效应，这种宣传也是传统广告所不及的。更有说服力的是，广大赞助商都能从赞助体育赛事中得到丰厚的回报。

美国专家通过对千余家赞助商赞助动机的调查表明，企业赞助体育赛事是出于以下五个目的：

（1）提升企业形象、扩大品牌知名度；

（2）有利于产品促销；

（3）增强对消费者的亲和力；

（4）促进企业文化（企业凝聚力与职工自豪感）发展；

（5）为企业公关及招待客人提供机会。

总之，盛大赛事由于赞助得到了明显的好处，同时也使赞助企业得到了丰厚的回报。可以说，赞助使体育与企业获得了双赢，赞助是合作双方各取所需、相得益彰之举，如果你的企业赞助了体育盛事或国家重大活动，如航天、科研等，你就可以在这方面大做文章了，如图3-16～图3-18所示。

图 3-16　企业赞助奥运会（来源：今日头条）

图 3-17　企业赞助航天事业
（来源：微信公众平台）

图 3-18　企业赞助科研活动
（来源：微信公众平台）

14．写消费者体验

消费者体验其实就是常说的客户见证。同样一个产品，自己在这里说好，别人不见得认同；但是用过你的产品的客户都来帮你说好的时候，别人就很容易受到影响。客户见证是最有效的成交推广手段，所以想要让陌生客户购买你的产品，多撰写一些客户见证类型的软文，是必不可少的。

客户见证有几个方面需要注意，第一个就是客户见证的量要多。想想看，你的产品虽然很好，但是只有一个人在那里说好，那么他的影响力其实是很小的；但如果有100个、1000个客户见证，再把它整理出来给大家看的时候，对人的大脑的冲击力就会非常大。人们都有从众心理，既然那么多人都说好，那么该产品应该没有多大的问题，于是人们都愿意试试看。第二个则是客户见证的"质"，如果能有名人或权威人士来见证则更好，那么就可以大张旗鼓地将其体验心得撰写出来，配上图片、视频等将见证内容进行多角度立体的展现。当然，如果有条件的话，最好让客户对着摄像头说一段话，这样的说服力和可信度会更高。一定要从现在开始，用心打造你的客户见证体系，如图3-19所示。

图 3-19　消费者体验型软文（来源：微信公众平台）

15．用节日

利用节日撰写促销软文进行宣传，有利于吸引较有意向的受众。节日促销软文现在已经成为电商和企业很重要的营销手段，每逢中秋、国庆、双11、感恩节、圣诞、元旦等，奋斗在公关广告圈的电商和企业都赚得盆满钵满。

那么，为什么节日促销这么受欢迎？因为节日促销有两大优势：

（1）自带大众话题属性。

首先节日本身就属于大家广泛关注的热点，自带随时引爆的话题属性。只要在适当的时机往上面靠一靠，很有可能借着这股势头一鸣惊人，从而增加品牌曝光，强化活动宣传效果。

（2）贴合大众围观心理。

"围观式"的社交习惯为热点事件的发生和传播提供了坚实的群众基础，可以说企业的借势营销理论完全是掌握了用户习惯的"心机"行为，在节日前策划此类软文，直接配合促销使用来刺激受众的购买欲。

众品牌在各大节日上为了博人眼球上可谓花样频出，衍生出一系列创意海报及文案，并纷纷流传于各大社交媒体平台中。节日营销的战场可谓硝烟弥漫，谁的创意更能引人注目，谁就能引发刷屏高峰，这无疑意味着更好的曝光与互动。

促销类软文推广有如下两个要点：

（1）海报、文案、关键词契合节日主题。

无论是传统节日，还是网络节日，企业和电商平台都少不了借助热点话题制造营销噱头。借势营销早已成为重要的营销手段之一。借势营销不是几句简单的祝福就能搞定，需要挖掘产品亮点和节日完美嫁接，共同形成强大的势能，这考验着软文写手的策划能力。

（2）网站主页和其他新媒体平台都要迎合节日主题。

将店铺、官网、微博、公众号、小程序等线上平台的相册更换成节日主题营销活动页面，页面主题需要侧重节日形象，活动内容要与节日相契合，但更要推陈出新，具有自己的创意与风格。

如图3-20和图3-21所示，分别为不同节日的产品促销软文。

图 3-20 "520"促销软文(来源:今日头条)

图 3-21 母亲节促销软文(来源:今日头条)

16. 蹭名气

蹭名气就是在标题里包含名人、明星、名公司、热门关键词、热门话题等。这些都是大家整天关注的,可能没有人知道你是谁,但是他们都知道这些。只要文章标题中含有这些关键字,这篇文章的点击量就可能很高,甚至被广泛传播。很多电商平台常常运用这招,效果非常不错,如图3-22所示。

17. 借势而为

"借势营销"成败的关键是对于事件利用得是否得当,突如其来的事件可

图 3-22 蹭名气类软文
(来源:今日头条)

能就会成就一个品牌的经典营销案例。如统一润滑油在伊拉克战争爆发之际，应时推出的"多一些润滑，少一些摩擦，统一润滑油"的经典广告，为统一当年赚入12亿元人民币的销售额。因此，企业决策者和营销者需要多多关注时事和社会实践，敏锐把握商机和社会热点，更好地利用大事件为企业服务，达到四两拨千斤的效果。

在电视剧《欢乐颂》热播期间，就有一款锥形瓶身、颜色靓丽的果酒吸引了观众的眼球，同时其又通过软文在各大互联网平台上进行宣传轰炸，达到了借势营销的目的。

当今的品牌越来越多，消费者对品牌的辨识度逐渐降低。如何从众多同质化的品牌中脱颖而出？在品牌发展的道路上，怎么把握重要时间节点实现品牌增值？在品牌成熟期，又如何才能找到新的发力点，让品牌形象重新焕发青春光彩？借势营销就是一条出路。

2017年4月20日，借势《三生三世十里桃花》的后续热度，九阳豆浆机选择在新款推出之际请一线花旦杨幂代言，拍摄了以"人生的味道"为主题的大片，并借助微博引爆事件，如图3-23所示。这次营销，充分借助杨幂独立、健康的新女性形象，掀起自制豆浆的时尚风潮，吸引了大批优质年轻粉丝的喜爱。

值得注意的是，借势一定要在保证不篡改事件真实性的情况下进行。同时，软文内容一定要遵照"图为主，字为辅"的原则，比起看密密麻麻的文字，人们更喜欢看图。而热门事件自然也是

图3-23　九阳豆浆机借势《三生三世十里桃花》进行营销（来源：新浪微博）

以图为主，多放一些图片效果会更好，会自己制作图片的就更有优势了。

此外，也要深度挖掘事件，虽说软文多以图为主，但是如果内容不精彩，谁会甘愿被你营销？不愿花费时间和精力去总结，很难想出一篇具备吸引力的软文来。新媒体时代，内容的原创性非常重要，要根据自己的总结发表专属的独特观点。若是观点能得到读者认可，相信能为产品推广带来很大帮助。很多人总是愁写不出好的软文，其实只要把个人观点发布出来，观察一下观众的情绪，再迎合观众的情绪进行渲染，就能得到众多读者的认可。当然还可以通过查询新浪微博的实时热搜榜，以及百度搜索风云榜来了解热点，如图3-24、图3-25所示，那里有大量的素材可供选择。

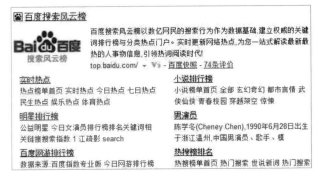

图 3-24　新浪微博的实时热搜榜　　　　图 3-25　百度搜索风云榜

18．造自己的节日

阿里巴巴最牛的就是造节，如图3-26所示，一个双11简直比"印钞机"来钱还快。作为企业也要学会造节，要让消费者在属于自己的节日里体验惊喜。具体操作中，要以对消费者的需求分析为前提，拟定自己的节日时限及主题，并通过软文的内容匹配，进行全网营销传播。这一方法不管是在线上还是线下，很多商家都用过，有些商家会在店庆日、会员日上做文章。

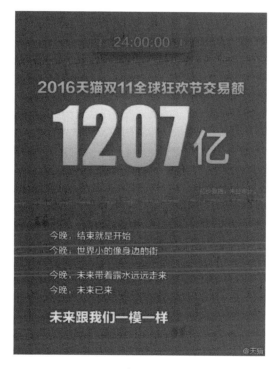

图 3-26 2016 天猫双 11 交易额（来源：天猫官方微博）

19．用数据（如百度指数、微信指数、头条指数、微指数等）

写软文还要善于运用数据。以百度指数为例，其一直被认为是判断热点的权威指数平台，是当前互联网乃至整个数据时代最重要的统计分析平台之一。如图3-27所示，百度指数能够告诉用户某个关键词在百度的搜索规模有多大、一段时间内网页搜索和新闻搜索的涨跌态势和相关的新闻舆论变化，以及关注这些词的网民是什么样的、分布在哪里、同时还搜了哪些相关的词。总体上来说，指数越高，意味着企业在行业中的领导力越强。

百度是目前国人使用率最高的搜索引擎，所以通过百度指数，可以直观地反映出企业品牌在网民中的受欢迎程度。如果你恰恰是百度指数中的行业翘楚，那就可以广而告之大肆宣传了。但截至本书撰写时，还无法考证这些数据是否完全真实，笔者也希望官方能及时发声。

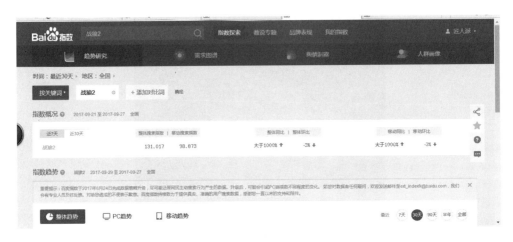

图 3-27　百度指数截图

20．改编

软文也可以是对名言、故事、段子、笑话、其他文章、电子书、课程等的改编。好段子虽然通俗，但是却有令人意想不到的结局，有助于在日常的互联网推广工作中借鉴。不过最好是新的段子，不然效果不佳。

21．来个"三包"

所谓"三包"，简单来说就是"包版""包日""包场"。

"包版"是指包下报纸的整版广告。包版公认的开创者是韩后，其凭借在《南方都市报》发布的那张著名的"张太体"一战成名。从此以后，包版成为电商品牌的必备武器，并不断推出升级版本，如这一次草木之心包下《华尔街日报》的整版，不仅达到了难以逾越的高度，还为国人大大长脸。当然在网上搜一下中国最牛的整版广告，会看到很多包版的创意文案，如图3-28、图3-29所示。

"包日"是指包下电视台的整日广告。互联网的三大女装品牌（茵曼、裂帛、阿卡）就曾经包下东方卫视的整日广告。

图 3-28　电影包版营销（来源：新京报）

图 3-29　360 安全卫士包版营销（来源：新浪微博）

"包场"的定义最为宽泛，包括各种"场"：商场、电影专场、飞机场、时代广场……你能想到的各种聚集人的"场"，都在可包之列。包得巧妙才见真功力。2016年双11前，服装品牌A21就在"世界的十字路口"纽约时代广场投了3天巨幅广告，宣称"包了时代广场"。唯品会则是在双12期间包下了深圳地标建筑"京基100"的外墙，并在其六周年占领中美六处地标建筑，包括纽约时代广场的大屏幕，如图3-30所示。

"三包"的秘诀是什么？没别的，要的就是气势。"线下包，线上炒"——企业要在包场的同时通过线下（传统广告）事件，撰写引

图 3-30　唯品会包下纽约时代广场大屏幕（来源：吃喝玩乐圈）

发网络关注的软文和话题。如果想来个大手笔，也可以从这里多注入点笔墨。

22. 敢"约架"①

"约架"这种事，是要慎行的，要想既打击对手，又宣传自己，就得专拣"大佬"捏，而且最好是捏到大佬的痒处，让他叫疼也不是，不叫也不是。或者双方默契十足，台上面红耳赤，其实纯粹是演给台下越聚越多的观众看的。最好的效果是台下的看客们选边站，骂得比台上还起劲，还有一大帮媒体在分析，效果就达到了。

京东约架天猫的"猫狗大战"绝对是华山之巅的约架，是"约架派"学员们须每天研习的经典战例。情怀满满的罗永浩也是玩这个的高手，每次约架人气都能暴涨50%，一年不约个三五架就感觉全身不舒服。马云与王健林，雷军与董明珠的约架则时间跨度较长，更是可以让双方时不时地拿来说事，维持热度。

近期内地MMA格斗狂人徐晓冬用20秒打败了太极高手魏雷，站到了武林江湖的风口浪尖。他不但质疑中国武术的实战性，还一番狂言评说各个门派的高手和武打明星，摆出一副"拳打太极、脚踢咏春"的架势。虽说是私下"斗殴"，却引来了众多群众围观，朋友圈刷屏无数，评论多得数不清。

如今是内容营销的时代，各个领域的行业大佬地位越来越明显：做互联网的有BAT，做共享单车的有摩拜、ofo；做手机的有华为、苹果、小米……要想在大山之间的夹缝生存，可以搏一搏，在某个特定细分领域挑战一下权威，就像打架一样，挑人家的防守空当和弱点来个出其不意的攻击，没准就能一夜爆红。

如果真要约架的话，前期可通过多媒体撰文引爆话题，网络水军灌水，从情感上让网民自发产生评论和转发。如能有权威人士和媒体出面更好，差

---

① 约架，是指有分歧观点的两个人在沟通无法解决问题的情况下通过约定决斗的方式解决问题。一般情况下，约架的双方都是有一定知识背景的人。

不多的时候邀约第三方"拦架",坐收渔翁之利。

最后要提醒的是约架有风险,自己的尾巴须藏好,非皮糙肉厚者请绕行,如图3-31所示就是约架类的软文。

图 3-31　约架类的软文(来源:今日头条)

23. 写情怀

"情怀"一词在内容营销界如脱缰野马,超越了"吐槽"和"节操",比肩"正能量"与"中国梦",成为众多营销案例中不可或缺的一环。那么,为什么要讲情怀?

情怀能打动客户,唤起客户的购买需求,引起客户心灵上的共鸣。让客户为你的情怀买单,是营销的高级形态。罗永浩的一句"我不在乎输赢,我只是认真",让多少文青泪流满面,更让锤子手机的溢价瞬间提升到3000元。情怀到底多有效,再来看看冷酸灵就知道了。冷酸灵在天猫上推出了"抗敏感青年定制牙膏",并发布了由吴秀波、蒋方舟、罗晓韵、伟大的安妮、张小盒这几位大咖代言的抗敏感定制牙膏。产品包装上吴秀波的一句"我只对自己内心最初的声音敏感",瞬间让80后、90后对这个传统品牌感到无比亲切,冷酸灵的业绩也噌噌往上蹿。

情怀营销其实并不神秘,虽说"我不卖产品,我只讲情怀",但"不卖产品"其实是为了更好、更贵地卖产品。上自80多岁的褚时健,下至80后的陈鸥,都深知其妙。好的情怀,能瞬间引发众人的泪奔。当然情怀只讲不够,还须落地,不要以为一味撰写有情怀的文章或有情怀的话语就万事大吉了,情怀其实应该是产品附加值的体现,而不是一顶欺骗消费者的帽子。情怀应该是产品的内在驱动力,而不是让消费者买单的武器。如果把情怀作为消耗品,那么很快就会用完。所以产品本身要真正能成为情怀的载体。如图3-32所示为情怀类的软文。

24. 写访谈

通常宣传一家企业要从宣传老板开始,这一招很有用,大家可以试试看。雷军、董明珠等都是典型。访谈类软文就是从这一角度出发的营销策略,其具体指以记者的角度采访高管,引出品牌的定位和优势,增加行业影响。这类软文在标题中要尽量体现行业的独有属性,因为受众更多的是业内人士。访谈类软文的写作要点如下:

图3-32 情怀类的软文(来源:今日头条)

（1）展示被采访对象所在企业的成绩，及其个人对行业的独到见解；

（2）文章可以采用一问一答的形式，也可以采用人物传记的形式；

（3）通过对某一事件的详细描述，放大采访对象的个人魅力和优势；

（4）展示被采访对象的行业地位和影响力，以及下一步的目标（植入广告）。如图3-33所示，就是访谈类软文的案例。

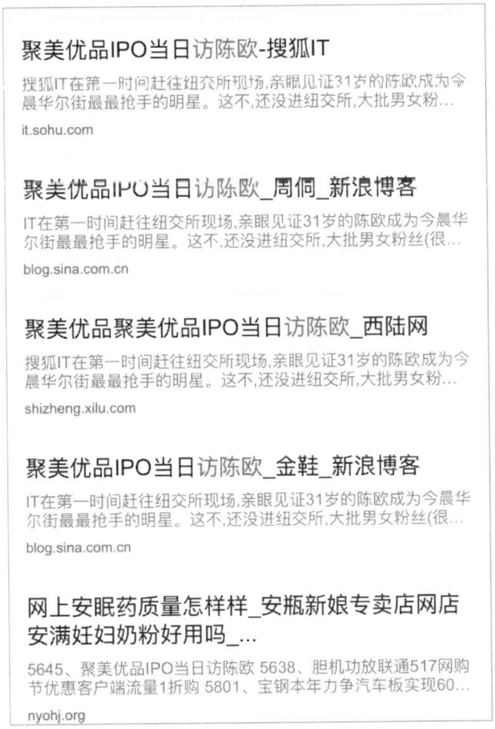
聚美优品IPO当日访陈欧-搜狐IT
搜狐IT在第一时间赶往纽交所现场,亲眼见证31岁的陈欧成为今晨华尔街最最抢手的明星。这不,还没进纽交所,大批男女粉...
it.sohu.com

聚美优品IPO当日访陈欧_周侗_新浪博客
IT在第一时间赶往纽交所现场,亲眼见证31岁的陈欧成为今晨华尔街最最抢手的明星。这不,还没进纽交所,大批男女粉丝(很...
blog.sina.com.cn

聚美优品聚美优品IPO当日访陈欧_西陆网
搜狐IT在第一时间赶往纽交所现场,亲眼见证31岁的陈欧成为今晨华尔街最最抢手的明星。这不,还没进纽交所,大批男女粉...
shizheng.xilu.com

聚美优品IPO当日访陈欧_金鞋_新浪博客
IT在第一时间赶往纽交所现场,亲眼见证31岁的陈欧成为今晨华尔街最最抢手的明星。这不,还没进纽交所,大批男女粉丝(很...
blog.sina.com.cn

网上安眠药质量怎样样_安瓶新娘专卖店网店安满妊妇奶粉好用吗_...
5645、聚美优品IPO当日访陈欧 5638、胆机功放联通517网购节优惠客户端流量1折购 5801、宝钢本年力争汽车板实现60...
nyohj.org

图 3-33　访谈类软文（来源：百度网页）

第4章

软文撰写技巧

4.1 那些"10万+"的文章都用了哪种标题

1. 好标题的标准

在《新闻传播百科全书》中,"新闻标题"的定义是:用以揭示、评价、概括、表现新闻内容的一段最简短的文字。

标题通常具有五个基本特征:

(1)对全篇新闻内容高度概括;

(2)对事件主旨起到画龙点睛的作用;

(3)具备形式的外在美感;

(4)包含对新闻事件的适度评价;

(5)起到引人关注的引导作用。

从传统媒介到现在兴起的新媒体,标题的定义似乎没有发生变化,但是评价一个好标题的标准却发生了天翻地覆的变化。在软文营销推广的实际操作过程中,成为一个合格的"标题党"似乎已经成为软文写作的必杀技,过去无论是报纸、杂志,还是网络门户,如果标题不好,还有配图、铺开的内容、引言等来吸引人的注意,大家可能还会浏览内容。但对于新媒体而言,因为每天有着海量的文章呈现,如果标题不受欢迎,那么文章连被打开的机会都没有。

在微信公众号数量不断增加的同时,以"今日头条"为代表的其他平台也在强势地争夺着用户的流量,新媒体的崛起使得当下信息的分发渠道越来越多元,不同介质、不同平台上的标题也就呈现出了截然不同的风格。不只是自媒体在绞尽脑汁地适应这种变化,就连专业媒体也在标题上不断追求创新。

如图4-1、图4-2所示,截取企鹅号的热门文章和阅读量在"100万+"的文章进行分析,不难发现这些标题在形式上以长标题和复合句式、疑问句式为主,在内容上则多涉及转折、反差、猎奇、正能量等。

图 4-1 企鹅号 TOP20 热门文章排行截图（来源：企鹅媒体平台）　　图 4-2 企鹅号 "100 万 +" 最具影响力文章排行截图（来源：企鹅媒体平台）

记得自媒体大咖咪蒙说过一句话："不能在一秒钟看明白的标题，不适合传播，不是读者理解不了，而是他只能给咱们一秒钟。"

纵观热文榜单，像"咪蒙""占豪""视觉志""胡辛束"等这些深谙新媒体传播规律的大号个个都是起标题的高手。当然咪蒙的有些文章因涉及三俗被封，你也就不要再去触碰。

2．好标题遵循的原则

好标题往往遵循这4条原则：

（1）价值感：标题里就向大家证明，为什么要花时间看这篇文章；

（2）实用性：标题要体现出看完这篇文章读者能得到什么；

（3）独特性：世界文章万万千，为什么读者就要读你的这篇呢？标题应体现文章的与众不同；

（4）紧迫感：为什么读者立马就得进去阅读你的文章呢？现在不读会有损失吗？标题要让人看一眼就感兴趣。

只要遵循这4条原则，你的标题对读者来说就是比较有吸引力的了。同时，标题也要直接将阅读这篇文章的可得利益传达出来，如加入"福利""抽奖"等字眼。

3．好标题的作用

标题就是用来吸引眼球增加读者阅读欲望的，一篇优质的软文如果没有好的标题，就像一个人怀才满满，颜值却很低，大大增加了被别人发现的难度。更何况现在的受众，往往是花几秒钟瞥一眼标题，来决定要不要读文章。

那么好的标题要发挥哪些作用呢？

1）标题是给受众看的

当下不同年龄人群的阅读和喜好很不确定，但不管其如何多变，软文创作者首先要知道你的软文要写什么，什么对读者最有价值。然后就是唤起情感上的共鸣和心情上的愉悦、兴奋。同时，标题还有风格之分，处于同一信息频道上的人或有相同兴趣爱好的人，所适应的标题风格也不一样。

2）标题是给机器看的

一篇优质的软文不但要考虑读者的阅读体验，同时还要满足搜索引擎检索收录的需求，最好两者都要兼顾。好的标题能优化检索，让机器识别、排名，为了被搜索引擎收录和推荐，关键词的提取也非常重要，要嵌入用户会搜索的常用关键词。

3）完成目的诉求

你发布软文推广的使命是什么？是增加曝光度、塑造品牌形象、提升业绩、增加美誉度，还是直接唤起受众行动呢？在标题确定之前，多思考一下。

此外，除了上述的具体操作技巧，了解一些宏观趋势，对写出一则好标题也很有帮助。

在纸媒时代，好标题有一个关键要素——短。因为纸质印刷物的成本高，版面有限。到了数字化时代，标题则不用再受制于这一约束。现在，微信订阅号允许的标题长度为64个字，头条号允许的标题长度为30个字。

内容创业服务平台"新榜"通过对2000余篇"10万+"爆文的分析，亦发现微信爆款文章的标题字数呈现增长趋势：

2015年2月16日，平均标题长度为18.02个字；

2016年2月16日，平均标题长度为19.29个字；

2017年2月16日，平均标题长度为21.66个字。

当然也有些新媒体人认为，新媒体环境下信息越写越长，是一种"信息前置"现象，根本原因是信息爆炸导致注意力资源愈发稀缺，"与其把信息都折叠进内文里被动等待用户打开，不如直接把信息展示在入口上让人一看便知。"

这就要求软文创作者从用户的角度去考虑标题，在对内容一无所知的前提下，思考什么样的标题最让人有点击的欲望。

4.2 标题的20种类型与范例

1."如何"型标题

此类标题通过嵌入"如何"进行发问，激起读者的好奇心。如《女人必看，她是如何从小资演员变成女神》《微电商如何写软文可以做到月入百万》等，图4-3就是一例"如何"型标题。

2. 反问型标题

反问型标题大多是基于读者心中的疑问出发,这样的标题能拉近作者与读者的距离,同时也能一针见血地解决用户的疑问,增加用户的信息量。而且这类标题写作难度不高,通常是一问一答就解决了。如《SEO靠自学能学会吗?答案全在这里》《为何追你的女人那么多,你还没有结婚?》等,图4-4就是一例反问型标题。

图4-3 "如何"型标题(来源:营销头条)　　图4-4 反问型标题(来源:凤凰私享会)

3. 方法型标题

此类标题针对某一大众普遍关注的问题直接甩出方法,以吸引大众的注意力。如《写100000+软文的八个方法》《李易峰告诉你:男人成功的六种方法》等,图4-5就是一例方法型标题。

4. 盘点型标题

此类标题对某一热点话题下的具体内容进行罗列，满足读者猎奇的心理。如《盘点2017年最值得购买的十大创新产品》《盘点网友最喜爱的十大网络语》等，图4-6就是一例盘点型标题。

图 4-5　方法型标题（来源：果壳网）　　图 4-6　盘点型标题（来源：中信书店）

5. 真相揭秘型标题

如果文章是关于揭露行业内幕或曝光事件背后故事的，可采用此类标题，如《那些月入百万微商的真相》《揭秘哪些不为人知的营销套路》等，图4-7就是一例真相揭秘型标题。

6．悬念+利益型标题

这类标题的常用技法，是直接指出利益点，让用户明白看完之后得到什么样的信息，同时制造悬念，吸引点击。如《真正爱你的男人，情人节会这样对你》《什么样的女人，最容易让男人无地自容》等，图4-8就是一例悬念+利益型标题。

图4-7 真相揭秘型标题（来源：今日头条）　图4-8 悬念+利益型标题（来源：有书）

7．背书型标题

这类标题就是"傍名人"，加入名人明星、专业人士等的背书都是让标题增加光彩的方式。如《今年的信阳毛尖，乾隆皇帝喝的就是这家的茶》《×××用的就是这款面膜，每一秒都有上万人在贴》等，图4-9就是一例背书型标题。

8. 比较型标题

这类标题就是通过比较，放大描述对象某一方面的特点，看上去似乎有些夸张却也不觉浮夸，让读者有点击标题进一步了解的欲望。对比型标题一定要有两个参照物进行对比，可以是一好一坏做对比，也可以是不相上下的参照物进行对比，也可以是程度对比，如好的比一般的好在哪里等。如《吃了这家的苹果，其他都是将就》《经常感冒喝这个，比医院开的药物管用100倍》等，图4-10就是一例比较型标题。

图4-9 背书型标题（来源：一条）

图4-10 比较型标题（来源：大河健康网）

9. 数字型标题

这类标题就是通过总结性数字刺激人，引起受众强烈的点击欲望。如《追踪了118个创业团队，分析了96.8万条数据，我们终于发现了5个规律》《能快速捕获女人芳心的10个细节》等，图4-11就是一例数字型标题。

10．简化型标题

这类标题的共同特点在于将内容包含的知识进行了非常简化的提炼，让用户一眼看上去就能明白，减少心理负担。如《10分钟了解软文写作的全部套路》《一篇文章，读懂"一带一路"》等，图4-12就是一例简化型标题。

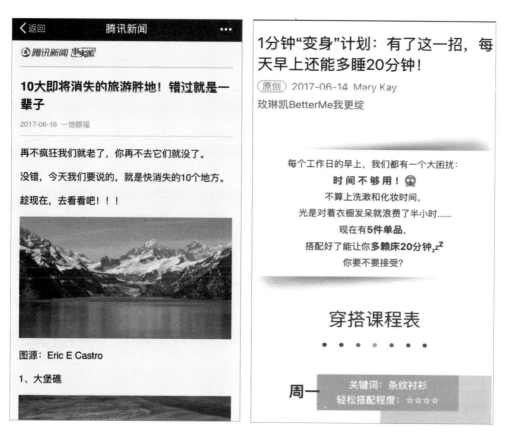

图 4-11　数字型标题（来源：一饱眼福）　　图 4-12　简化型标题（来源：玫琳凯 BetterMe 我更绽）

11．特定型标题

这类标题就是用特定的内容聚拢特定的人群，从而产生共鸣，扩大共同的话题，最终产生特定的效应。看起来好像范围小了，其实不然，正是由于它的特定性，在把特定人群聚集之后，还会使那些貌似无关的人产生一种好奇心，从而同样进行点击。如《30岁的女人出来，咱聊聊你的下一个10年》《90后的女生你不该被别人指指点点》等，图4-13就是一例特定型标题。

12. 限时型标题

这类标题一般用于促销。电商平台的优点就在于它可以不限地域地发生购买行为，而这个优点也是它的硬伤之一，因为它广阔无边，营销手段只有独特才能吸引眼球，所以促销和限时抢购类的标题也是常用之选。如《夏季新品每天8点到9点限时秒杀》《520情侣专属千元红包，实名申请》等，图4-14就是一例限时型标题。

图4-13　特定型标题（来源：猎聘网）　　图4-14　限时型标题（来源：京东商城华南）

13．对号型标题

这类标题对号入座，让用户觉得这事儿和自己有关系。如《你妈逼你结婚了吗?》《你现在只有一份工作吗？重磅推荐》等，图4-15就是一例对号型标题。

图4-15　对号型标题（来源：深夜蜜语）

14．恐吓型标题

恐吓型标题最早见于保健品软文中，通过恐吓的手法吸引读者对软文的关注，特别是有某种疾病的患者，看到相关软文后更能引发共鸣。后来，这种恐吓手法也开始转变，转为陈述某一事实，而这个提供的事实，能让别人意识到他从前的认识是错误的，或者产生一种危机感。恐吓型标题应用最多的是一些广告文案，和一些营销意图很明显的软文，在一些媒体软文和硬广告中随处可见。恐吓型标题可以适度夸张，但并不意味着可以无限放大，否则容易招致用户反感。如《你以为的熬夜，其实是自杀》《高血脂，瘫痪的前兆》等，图4-16就是一例恐吓型标题。

图 4-16　恐吓型标题（来源：辉丰股份）

15．建议型标题

建议型标题，通常是作者明确自己的身份，然后针对固定的人群进行建议，一般建议型标题比较常规，在吸引程度上有一定的限制，毕竟广大读者很少是来听建议的。如《匠人派建议：做SEO一定要懂得坚持》《微商朋友圈分享的八个建议》等，图4-17就是一例建议型标题。

16．经历型标题

写经历最大的好处就是容易产生情感，引起共鸣，让别人产生信任。只要你用心去写一段时间的经历，都能引起不少人的共鸣。有些人是平凡的，有些人不平凡，当别人在看你文章的时候不知不觉能找到自己的影子，信任自然而然就有了。如《降压到底有多难？我降压经历的那些年》《美容失败留下的后遗症，女人千万别乱整容》等，图4-18就是一例经历型标题。

图 4-17　建议型标题（来源：肿瘤时间）　　图 4-18　经历型标题（来源：史克牙医汇）

17．警告型标题

高危警告型标题使用较少，一般广泛使用"千万别""要注意"等词汇，意在特意提醒读者，这类标题往往能让读者严肃起来。如《做软文营销这五大低级错误千万别犯》《过来人的经验，网站千万别随意改版》等，图4-19就是一例警告型标题。

18．故事型标题

故事型标题最为常见，同时也是最吸引眼球的标题之一，因为读者就是冲着故事而来的。如《做了3年SEO，我是如何从0基础走到独立运营网站的》

《他通过2月学会了软文营销,只因看了这个教程》等,图4-20就是一例故事型标题。

图 4-19　警告型标题(来源:腾讯财经)　　图 4-20　故事型标题(来源:鬼脚七)

19. 陈述型标题

陈述型标题一般使用得最多,而且比较简单,往往是直接告诉读者这篇文章的内容是什么,给读者一个明确的阅读思路和方向。如《快速美白的秘籍》《做SEO必知的外链布局技巧》等,图4-21就是一例陈述型标题。

20. 客户见证型标题

运用见证型标题,就如同让顾客帮你卖产品,这些成功案例的确能满足顾客需求。因为是顾客自己的话，不必去美化他的用语，自然通俗的口吻能强化可信度。如《我喝××减肥茶效果不错，我也推荐给了闺蜜》《来自××客户的共同见证》等，图4-22就是一例客户见证型标题。

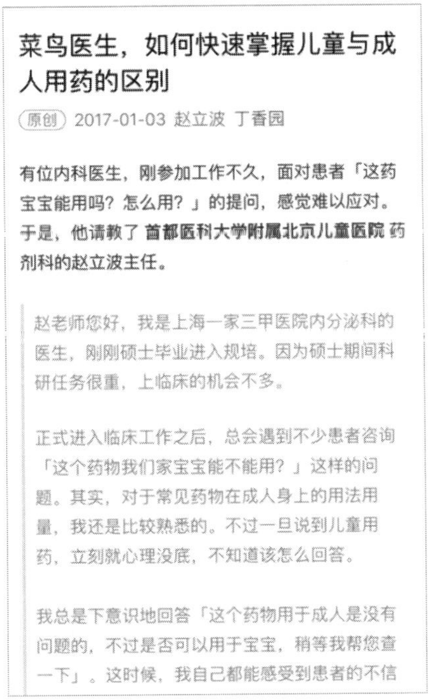

菜鸟医生，如何快速掌握儿童与成人用药的区别

原创 2017-01-03 赵立波 丁香园

有位内科医生，刚参加工作不久，面对患者「这药宝宝能用吗？怎么用？」的提问，感觉难以应对。于是，他请教了 首都医科大学附属北京儿童医院 药剂科的赵立波主任。

赵老师您好，我是上海一家三甲医院内分泌科的医生，刚刚硕士毕业进入规培。因为硕士期间科研任务很重，上临床的机会不多。

正式进入临床工作之后，总会遇到不少患者咨询「这个药物我们家宝宝能不能用？」这样的问题。其实，对于常见药物在成人身上的用法用量，我还是比较熟悉的。不过一旦说到儿童用药，立刻就心理没底，不知道该怎么回答。

我总是下意识地回答「这个药物用于成人是没有问题的，不过是否可以用于宝宝，稍等我帮您查一下」。这时候，我自己都能感受到患者的不信

图 4-21　陈述型标题（来源：丁香园）

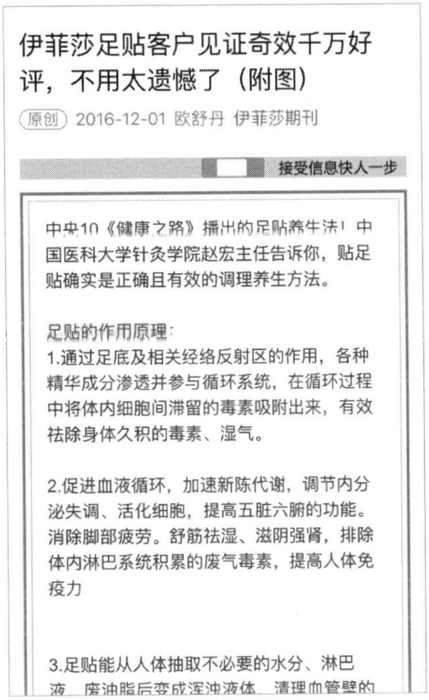

伊菲莎足贴客户见证奇效千万好评，不用太遗憾了（附图）

原创 2016-12-01 欧舒丹 伊菲莎期刊

接受信息快人一步

中央10《健康之路》播出的足贴养生法！中国医科大学针灸学院赵宏主任告诉你，贴足贴确实是正确且有效的调理养生方法。

足贴的作用原理：
1.通过足底及相关经络反射区的作用，各种精华成分渗透并参与循环系统，在循环过程中将体内细胞间滞留的毒素吸附出来，有效祛除身体久积的毒素、湿气。

2.促进血液循环，加速新陈代谢，调节内分泌失调、活化细胞，提高五脏六腑的功能。消除脚部疲劳。舒筋祛湿、滋阴强肾，排除体内淋巴系统积累的废气毒素，提高人体免疫力

3.足贴能从人体抽取不必要的水分、淋巴液、废油脂后变成浑浊液体、清理血管壁的

图 4-22　客户见证型标题（来源：伊菲莎期刊）

4.3　软文开头撰写10法

高尔基曾说：“写文章，开头第一句是最难的，好像音乐里的定调一样，往往要费好长时间才能找到它。”一篇好文章，注定要有个好的开头。别开生面、新颖别致的开头，才有震撼力、吸引力，让人欲读之而后快。所谓“凤头”，亦是这个道理。

今天的受众，无时无刻不被信息所簇拥，所以文章的第一句话应该简短、

易读,且让人非注意到不可。不要用很多很长的句子,或者生僻字,要尽量使其朗朗上口、意犹未尽,这样读者就会主动阅读第二句话了。文章开篇的方法众多,在此归纳如下几种常用方法。

1．开门见山,直奔主题

这种开头不卖关子,将内容直接呈现在读者眼前,让人一开始就被吸引,如图4-23、图4-24所示。

图 4-23　开门见山的开头（来源：MiLK 志）

图 4-24　开门见山的开头（来源：福布斯中文网）

2．以设置悬念开头

这种开头设置悬念,而又故意不予理会,或做出某种猜想,以引起读者的好奇心,让读者继续关注事件的发展。这种写法能把读者带入特定的情景之中,与作者同喜、同悲。如图4-25所示,文章在开头就提出"汽车档位真的越多越好吗?"的问题,当然每个人都有自己的看法,想知道答案,可是作者就是不说,以引起读者往下阅读的好奇心。

如图4-26所示,是另一例,文章开头写"如果说肿瘤是基因变异引起的,饮食怎么可能影响肿瘤?"这就设置了一个悬念让读者继续跟着作者的思路看下去。

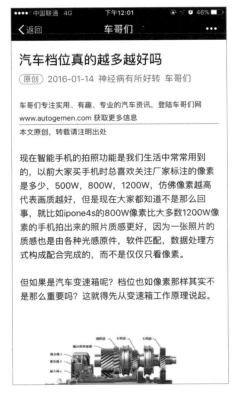 

图 4-25　以设置悬念开头(来源:车哥们)　图 4-26　以设置悬念开头(来源:天津医科大学肿瘤医院)

3．以讲故事开头

讲故事何难?这是人的本能,不用学也会。经历了一些事情,就想讲出来给人听。只要会说话，就会讲故事。当然你得有积累的素材，所以内容是决定性的，没有好内容，自然讲不好故事。

如图4-27所示，就是一则以讲故事开头的文章。其开头写道：

讲台上的罗丽雯，风趣生动，自信而美丽；生活中的罗丽雯，被表演、钢琴、舞蹈、歌唱等项目充实，丰富多彩。她是学生眼中的完美代表，是女神一般的存在。

有人羡慕她天生丽质、天赋高。但回首以往的路，罗丽雯觉得这时候得配一首周杰伦的《蜗牛》，她说过，"任何事，一步一步，一步一步，用心真诚地去做，总能实现。我就是蜗牛，还在慢慢爬。"

图4-27　以讲故事开头（来源：新东方）

4．以题记开头

就是在开头部分先写一小段文字作为题记。这些文字可以是对文章的总结，可以是引子，可以是感触，可以是前言，也可以是推荐语等。这样能增强文章的色彩，起到开头点题、吸引读者的作用。题记的存在不仅能使文章在形式上显得别致，更具吸引力，而且能奠定文章的基调，凸显文章的深刻，昭示文章的走向，标志文章的水准，所以用好一则题记，可以起到事半功倍的效果。

用什么样的语句作题记，并没有限制。可以用名人名言，也可以用能表达文章主旨或感情的自己的语言；可以用诗句，也可以用谚语；可以是抒情性的，也可以是哲理性的，但是必须与文章相关，否则会让人感到华而不实，投机取巧。一般说来，题记中带哲理意味的多些，所以笔者选的也大多是带有哲理意味的案例。

如图4-28所示，长江商学院一篇文章的题记如下：

想要获胜，你必须发自内心地渴求胜利，你要非常、非常、非常地想要获胜。你对胜利的渴望，要像在沙漠中跋涉，濒临死亡的人对清水的渴望一样。然后，你才有希望，仅仅是有希望，获胜。

——中国女子网球名将 李娜

5. 以引用开头

就是引用古今中外的诗歌、名人名言、俗语、谚语、名言警句、热播的电影电视台词、名人故事等作为文章的开头。这样可以增加文章的权威性、知识性、文采性、深刻性，同时起到一种装

图 4-28　以题记开头（来源：长江商学院）

点语言的作用。这种引用有直接引用和间接引用两种形式。如图4-29、图4-30分别是直接引用和间接引用。

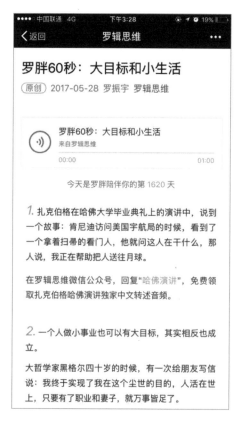 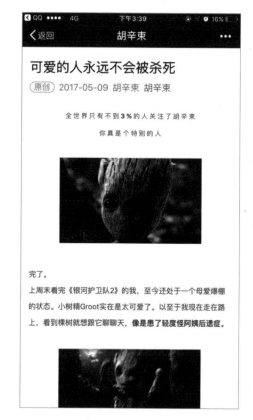

图4-29　以直接引用开头（来源：罗辑思维）　　图4-30　以间接引用开头（来源：胡辛束）

如图4-31所示，乐视视频的一篇文章开头写道：

如果非常公平地说《欢乐颂》中的五个女孩，曲筱绡应该是拎得最清的。她无拘无束，活得明白，让大家羡慕不已。咱没那么多钱，可以做精神上的曲筱绡。

这种开头可以随着时代的不同而千变万化，要根据内容的需要、中心的需要，合理引用当下最耳熟能详的影视剧台词，或最流行的网络语言等，不失为一种明智的选择。

图 4-31 以间接引用开头（来源：乐视视频）

6．以环境描写开头

包括自然环境和社会环境的描写。这些描写都有特定的作用，或者衬托人物的心情，或者交代故事的背景，或者渲染某种气氛等。总之，都是为突出主旨而服务的，如图4-32、图4-33所示。

图 4-32　以自然环境描写开头（来源：西藏旅游）

图 4-33　以社会环境描写开头（来源：唯品会企业文化）

7．以特写镜头开始

这种方法用一个特写的镜头放在文章开头，把事情或者感情特写化，让读者通过特写进入正文，如图4-34、图4-35所示。

这种形式和以描写开头有相似之处，有时候可以二者结合起来用，这样能收到更好的表达效果。

图 4-34　以特写镜头开头（来源：广东篮球）　　图 4-35　以特写镜头开头（来源：E 药经理人）

8．以时间开篇，蓄势待发

以从时间开始介绍情况、交代事件的方式开篇，可以让读者充分了解事情原委，有利于对整篇文章正确、顺利的解读。这种方法主要用于写一些事件或重要人物的文章，如图4-36所示。

如《火烧赤壁》一文的开头："东汉末年，曹操率领大军南下，想夺取江南东吴的地方。东吴的周瑜调兵遣将，驻在赤壁，同曹操的兵隔江相对。曹操的兵在北岸，周瑜的兵在南岸。"这个开头，使读者看了以后对两军相对峙的形势、所处的地理位置和即将发生的事一目了然。

图4-36 从时间开始交代事件的开头（来源：大家）

9．以俗语开头

这一类开头最常用的格式就是"俗话说……"，此举能瞬间拉近与读者的距离，让文章变得接地气，如图4-37、图4-38所示。

图 4-37 以俗语开头（来源：逻辑思维）

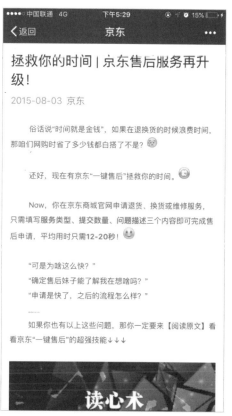
图 4-38 以俗语开头（来源：京东）

10．交代要素，引人入胜

交代要素也是撰写文章较为常见的一种开头形式，即交代时间、地点、人物和事件，如图4-39、图4-40所示。

常言道："文无定法"。是的，软文的开头往往是由软文策划的内容、体裁、读者对象、构思技巧和作者的写作功底等综合因素所决定，并无固定的格式。衡量好坏的标准只有一个，那就是看它是不是文章的有机组成部分，能否为文章的内容和中心服务，能否吸引读者读下去。作为软文创作者要善于结合实际，灵活变通，巧妙派生，才能写出好的开篇。再给读者提供"10字诀"供参考。

图 4-39　以交代要素开头（来源：今日电商头条）　　图 4-40　以交代要素开头（来源：天猫）

（1）优。认知水平高、擅长理性思维的同学可以写评论发表自己独到的观点；擅长形象思维、会刻画人物的同学可选择故事类软文；文字功底好的可以写新闻访谈。总之，找到自己的优势充分发挥。

（2）新。方法是言前人所未言，发前人所未发；前人虽有言，再换角度言（绝不要写人云亦云大撞车的内容）；前人虽有发，今反其意而发或深度剖析后再发。总之笔者提倡的撰写原则是既能出乎意料，又能获得共鸣，引用别人没引用过的材料，写别人没有写过的内容。

（3）清。"清"就是要做到富有文采。言之无文，行而不远，要恰当地运用各种技巧。老舍先生曾说："叙述不怕细致，而怕不生动；在细致处，要显出才华，文笔如放风筝，要飞起来，不可爬伏在地上；要自己有想象，而且使读者的想象也活跃起来。"做到语言清新、精练，要集中笔墨写自己想说而读者也喜欢的内容。

（4）避。避免提纲拟好后，开头反复推敲，精雕细琢，结尾却草草收兵。切忌虎头蛇尾，这样会前功尽弃。

（5）题。开头三句话内应点题一次，结尾应回扣标题，中间至少扣题一次。几次扣题事实上也是在不断地提醒自己在撰写文章时不要跑题，有球场上叫暂停的效果，可以调整思路和写法。

（6）康。即"思想健康"，不是要你只说冠冕堂皇的话，不是要你刻意拔高，"健康"是针对"病态""庸俗"而言的，底线是不能违背法律法规和偏离社会道德，不要涉及三俗。国家一旦整顿起来，轻者文章被删，重者涉嫌违法。

（7）绝。观点不可太绝对，要留有余地。"义正"未必要"辞严"，"理直"未必就要"气壮"。联系现实生活时，涉及社会黑暗面时，要有分寸，不要一味指责。批评某一观点时，抱着协商的态度，要提建设性意见。不可尖刻、讽刺、挖苦，甚至恶意地进行人身攻击。

（8）长。如果你擅长摄影，那就像摄影记者一样，去叙摄影、议摄影，只要切合题意就好。总之可以将自己某一方面的特长作为突破口，那样就不愁内容缺乏、文思枯竭。

（9）匠。构思要匠心，软文构思要讲求平中见奇，小中见大；要讲求抑扬的策略，可先抑后扬，也可先扬后抑；要讲求呼应的策略，使文章过渡衔接自然、顺畅；要讲求布局的策略，行文要有一定的逻辑顺序，思路清晰连贯；还要讲求起伏的策略，文似看山不喜平，要一波三折，引人入胜。

（10）必。一周必读一本书；一天必写300字以上的札记、摘抄、心得；一天必拟出一个或发现一个好的主题；一周必写出一篇800字左右的文章，以保持创作的积极状态。

4.4 新手学习软文撰写"三问一仿突破法"

软文撰写是一项需要长期积累的工作,很多新手在我的直播间问我有没有一条"快速通道",可以在较短时间内掌握其基本"思路""流程""方法"呢?莫言曾说过写作文的几点方法:"第一是阅读,第二是生活,加一条就是冥思苦想,再加一条就是反复地磨炼,如果再加一条就是从模仿开始。"模仿,是新手提高作文水平最直接有效的方式,所以笔者建议新手要有章可循地阅读,吸收到软文大师的精髓,正如学书法需要先临帖,学绘画需要先写生一样,软文写作也应从"模仿"入手。美学大师朱光潜在《谈作文》中写道:"许多第一流作者起初都经过模仿的阶段。莎士比亚起初模仿英国旧戏剧作者。布朗宁起初模仿雪莱。陀思妥耶夫斯基和许多俄国小说家都模仿雨果。我以为如一般人说法,临帖和写生都不可偏废。"像莎士比亚那样的大作家初学写作都从模仿开始,我们写软文有什么理由不从模仿开始呢?怎么进行软文的模仿呢?

下面给读者分享一下"三问一仿突破法"。

1. 三问

读到一篇好的文章时,要试着问自己以下三个问题:

(1)看到了什么?如文章的主题、结构、组织形式、段落安排等;

(2)想到了什么?受到了什么启发,还可不可以再创新?

(3)能借鉴什么?文章中有哪些吸睛的地方值得学习?

2. 一仿

1)第一步有章可循

有章可循就是"看10篇写1篇",因为不同类型的软文其写作结构、组织形式、段落安排、目标植入不一样,看了10篇软文就要运用上述的三问去理解撰文者的表现形式，看懂文章结构布局，看完能概括软文撰写的主要内容和中心思想；能正确体会作者详略及植入的方法；能体会文章的表达方式，是叙述、描写、说明、抒情、议论，还是其他。要擅长发现，处处留心皆学问，如果是用说明的表达形式，还要能看出作者是怎样来条理清晰地说明事物，如果看都看不出来，就谈不上借鉴。作者如果是以说明文进行撰写，基本都会遵循以下写作方法：

（1）前后分明，行文清晰——时间顺序

为了准确、清楚地说明要撰写的对象，必须按照事物发展的先后次序说明，这就是按照时间顺序来安排文章结构。事物的发展变化都离不开时间，如说明生产技术、产品制作、工作方法、历史发展、文字演变、人物成长、动植物生长等，都应以时间为序。

（2）上下左右，方位分明——空间顺序

如果所要说明的内容要表现事物的位置和形貌特征，就要按照事物空间存在的方式，从外到内、从上到下、由远及近、由前而后、由左往右、由南而北、由低至高、由大到小（也可能相反）地加以介绍，这种顺序有利于全面说明事物各方面的特征，一般用于描述某一静态实体（如旅行社介绍景区的软文就要按空间顺序来写）。

（3）适于需要，合于情理——逻辑顺序

如果撰文的目的是阐述事理，以事物的性质、内涵的解说为内容，就要按照事物或事理的内部联系或人们认识事物的过程来安排说明顺序，如由一般到个别，或由具体到抽象、由主要到次要、由现象到本质、由原因到结果等等。不管是实体的事物，如山川、江河、花草、树木、器物等，还是抽象的事理，如思想、观点、概念、原理、技术等，都适用于以逻辑顺序来说明。

韩愈说自己写文章的时候，会先读一段史记，为的就是向司马迁"借一口气"。这句话乍一看，好像很容易懂。韩愈的意思是自己写文章都是向司马迁学的。但这"借一口气"似乎过于模糊，到底怎么借，怎么学呢？

曾国藩在给儿子的信中写道：

尔欲作五古、七古，须熟读五古、七古各数十篇。先之以高声朗诵，以昌其气；继之以密咏恬吟，以玩其味。二者并进，使古人之声调，拂拂然若与我之喉舌相习，则下笔为诗时，必有句调凑赴腕下。诗成自读之，亦自觉琅琅可诵，引出一种兴会来。

曾国藩要求儿子写诗之前，先大声诵读古诗数十篇，不仅要大声读，而且还要细细吟咏，体会个中趣味。二者同时用功发力。目的在于，要使自己习惯古人写诗的音调、节奏。这时再下笔作诗时，一定有与古人相当的诗调走入笔中。著名学者朱光潜先生对这段话是这样解释的："朗诵既久，则古人之声就可以在我的喉舌筋肉上留下痕迹。到我自己下笔时，喉舌自然也顺这个痕迹而活动"。曾国藩讲的是通过朗诵模仿古人，包括古人写诗的节奏、声调、文气等；别人的文章读多了，自然也就成了自己的。

我们再来看一下，李白的一首诗《金陵城西楼月下吟》，写的是作者夜登金陵城西楼的所见所感。其中有两句："解道澄江净如练，令人长忆谢玄晖。"这里的谢玄晖是谢朓，是南朝齐的著名诗人。相信大家对他都不陌生。

谢朓就写过一首诗，里面有这样一句："余霞散成绮，澄江静如练。"这里谢朓把清澈的江面比喻成丝绸。李白也在上面模仿了这样的比喻，连句式都几乎一样了，说"澄江净如练"。

作为新手不要不屑于模仿，写作不好更要善于模仿。有些书籍的作者反复向读者灌输，不要套作，拒绝模仿，对此笔者只能说"站着说话不腰疼"。对于新手而言，既然自己不会写，也不知道怎么写，那就应该学习优秀的典范作品。而最好的学习方式，就犹如书法的临帖那般，去模仿，从文章结构上去体会作者是如何谋篇布局的，从内容上感受作者是如何遣词用字的。好的文章，肯定有它好的理由，要多去发现背后的写作技巧，并用到自己的笔下。文章的结构、逻辑、说理方式、句式、语言、情感表达方式等,这些都是可以模仿的。

让你看10篇写1篇的目的就是让你发现文章结构、基本内容的特点,看它们有哪些相似的地方和不同的地方,并找出这些文章可以借鉴的地方,通过学习和模仿写出来的文章,最起码在结构上、内容上不会出现大的偏差。所以第一步就是模仿范文,有章可循。古人言:"熟读唐诗三百首,不会作诗也会吟。"对于新手来说,软文写作入门都是从模仿开始的。但是模仿也需要有目标,有选择,不能盲目地照搬照抄。

2)模仿软文界高手的软文

这些所谓的高手在长期的软文写作实践中,积累了丰富的经验,他们笔下的软文,既具有极佳的形式和模式,又透出本作者的特点和笔风,值得我们学习。模仿他们的软文,不仅可以快速领会撰文的写作要领、技巧处理、写作要求,还可以了解高手的写作动向,因此,要悉心学习、仔细揣摩、借鉴掌握,消化吸收成为自己的东西,努力实现撰文写作的跨越式升级。

名人大家的软文之作是必不可少的,但是也不能盲目学习,毕竟每个人的学习背景、阅历不一样,所以要在学习中取其精华去其糟粕,要多模仿他们新颖生动、简洁精练的语言,以及充实精悍的内容,还有严谨规范的文风。

例如自媒体明星咪蒙,她的套路在于选题很好,能配合产品的特点选题,同时常常在开篇叙述一个吸引人的故事,通过故事中的虚拟人物投射情绪,抛出大家习以为常的现象,具有代入感,让人不知不觉就陷入软文。最后通过大量举证,输出价值观,传达产品卖点。文章在排版上也把长句都统统拆成短句,一口口喂给你,虽然文章那么长,但读起来一点不累。在行动目标植入时,以内容的某个点与产品的某个特点的衔接上,广告自然呈现,达到吸睛的目的,如图4-41所示。

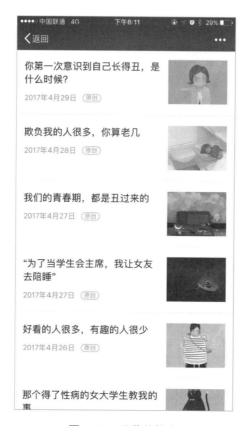

图 4-41 咪蒙的软文

4.5 软文撰写的基本技巧

1. 有计划

有计划是指：内容有组织，媒体有选择，进程要控制。

软文是广告目标的具体表现，而广告又是品牌目标和销售目标的产物，最终要达到的是建设形象与获取利润，因此，软文也应遵循计划、组织、实施、修正的操作规律。软文计划是操作的基础，"水无常形，兵无常势"，与市场营销策略一样，软文的撰写及投放要因形造势，在撰写时要考虑与推广策略、投放载体、投放频率、投放方式等因素结合起来，选择不同方法与策略。在广告传播中有个"五要素原则"，即你的广告对谁说、说什么、如何说、何时说、何地说。作为广告的另一种表现形式，这一条原则对于软文撰写同样适用，而且五项要素缺一不可。

（1）对谁说：软文的目的就是把你所要表达的信息传达给目标受众，因此对谁说就是锁定要传达的对象。

（2）说什么：就是把你要表达的概念、核心思想或信息准确地说出来。

（3）如何说：就是你准备通过何种表达方式将你的思想有效地传递给目标受众，让其在潜移默化中接受你的引导。"如何说"是五要素中最重要的一个，直接关系到软文质量的优劣。

（4）何时说：即选择什么时候投放软文。虽然投放软文是一项长期不断的宣传策略，但事实上在投放时段还是要有一定的技巧性。

（5）何地说：就是选择在什么样的媒体上投放。每一种媒体都有自己的定位，有自己的特定阅读群体。

通常每篇软文在800～1200字之间，同时需要制订一个投放计划进程控制表，按内容的先后安排好时间,选择对应的媒体依次发布。

2．好标题

标题分主标、副标、引标和小标题。主标犹如一篇软文的Logo，其设计的优劣，直接关系到客户是否会关注文章的具体内容。副标与引标都服务于主标，进一步阐述主标所隐含的信息，其与主标的关系就像是帽子与其上修饰的小花。小标题就是整个软文中心思想的概括，它是软文的"外包装"，剔除小标题下面的内容，单看其标题，基本上可以心中有数。

个人认为，标题是大多数软文的灵魂所在，一个好的标题决定了读者是否愿意阅读正文。好的文章首先取决于题目的好与坏，题目是否新颖、有创新、具备穿透力，这对能否引起读者的兴趣，达到心灵的共鸣非常重要。中国古代对好文章有一个很妙的比喻：凤头、熊腰、豹尾。在软文中，凤头就是标题，一定要引人注目。如果一篇广告软文光看标题就让人打不起精神，其广告效果就根本无从谈起。

3. 设计软文的整体结构

结构是一篇软文的框架、骨骼。通常，透过软文的结构，可以大致领会到软文的风格特色。属于情感煽动型，还是客观描述型，属于优雅清新型，还是故事叙事型，都可以透过其结构感觉到。因此，结构往往决定一篇软文的风格。与此同时，研究消费群体的阅读习惯，选择消费群体所喜好的结构，通常能够一下子抓住消费者的心。软文的布局要做到"凤头、熊腰、豹尾"。其中，"凤头"上文提过，就是要开头新奇，引人入胜；"熊腰"就是指中间内容详尽有料。正文的内容一般要表达三个方面的内容：

（1）诉求重点，即软文的核心内容；

（2）对诉求重点的深入分析；

（3）让潜在消费者行动起来。

"豹尾"就是结尾巧妙，强而有力。软文的布局如果做到了"凤头、熊腰、豹尾"，就是一篇完美的文章。

此外，软文布局还要做到"秩序井然"：所有材料的排列次序要有先后，安排妥当；"气势连贯"：一气呵成，不能有脱节现象，更不能离开主题；"高度一致"：软文中提出的观点和论据要统一，不能相互矛盾；"身材匀称"：分段内容不能过长或过短，开头要有吸引力，内容要有说服力，结尾更要具备震撼力，如此才不会虎头蛇尾，头重脚轻。

4.6 常见的软文布局形式

1. 悬疑式

悬念，在古典小说里称为"扣子"或"关子"，即设置疑团，不做解答，借以激发读者的阅读兴趣。通俗地说，它是在情节发展中把故事情节、人物命运推到关键处后故意岔开，不作交代，或说出一个奇怪的现象而不说原因，使读者产生急切的期盼心理，然后在适当的时机揭开谜底。要达到这种效果，需要撰写时有意识地制造悬念。制造悬念的形式有：

（1）设疑：设置一个疑问随着文章展开逐层剥开；

（2）倒叙：将读者最感兴趣、最想关注的东西先说出来，接下来再叙述前因；

（3）隔断：叙述头绪较多的事时，当一头已经引起了读者的兴趣，正要继续了解后面的事时，突然中断，改叙另一头，这时读者还会惦记着前一头，就造成了悬念。

2. 抑扬式

所谓"抑扬"，是记叙文章写作中常用的一种技巧，可分为欲扬先抑和欲抑先扬两种情况。欲扬先抑，就是要褒扬，但是不先从褒扬处着手，而是先从贬抑处落笔，"抑"是为了更好地"扬"。欲抑先扬则正好相反。用这种方法可以使文章情节多变，形成鲜明对比。一篇软文，特别是故事性软文，看完开头就知道结尾，不是好的软文。就例如那些剧本不精良的电视剧，观众总是能够猜出结局，都是同样的模式，毫无新鲜感可言。如能运用抑扬法做到千折百转，就可避免平铺直叙，使文章产生艺术魅力。

举个例子，据说乾隆时期有位翰林为母亲做寿，请纪晓岚即席作祝寿词助兴。老纪也不推辞，当着满堂宾客脱口而出："这个婆娘不是人。"老妇人一听脸色大变，老纪不慌不忙念出了第二句："九天仙女下凡尘。"顿时全场活跃、交口称赞，老人也转怒为喜。接着老纪又说："生个儿子去做贼。"全场又转而尴尬，老纪又慢慢道："偷得蟠桃献母亲。"顿时大家纷纷表示称赞佩服。这就是欲扬先抑的效果。

3．穿插回放式

穿插回放式记叙类文章，利用思维可以超越时空的特点，以某物或思想情感为线索，将描写的内容通过插入、回忆、倒放等方式，形成一个整体。具体操作就是选好能串起素材的线索，围绕一个中心截取组织材料。

4．片段组合式

选择几个生动的、典型的片段，把它们有机地组合起来，共同表现一个主题。用这种方法构思的记人叙事的文章，可以在较短小的篇幅内，立体而多角度地表现人物、叙述事件、描写商品特点、烘托品牌等。

5．并列式

一般写的是对象的横向的、静态的情况。各部分相互间无紧密联系，独立性强，但共同为说明主旨服务。能够省略某一部分，先后次序不那么固定。这种方法的好处是概括面广，条理性强。把一个问题从不同角度、不同侧面进行阐述。其组织材料的形式基本上有两种：一种是围绕中心论点，平行地列出若干分论点；另一种是围绕一个论点，运用几个并列关系的论据进行论证。

6．正反对比式

这是通过正反两种情况的对比分析来论证观点的结构形式。通篇运用对比，道理讲得更透彻、鲜明；局部运用正反论据，材料更有说服力。

7．层递式

在论证时层层深入，步步推进，一环扣一环，每部分都不能缺少。论述时，由现象到本质，由事实到道理，这是层递；提出"是什么"，再分析"为什么"，最后讲"怎么样"，也是层递；讲道理层层深入，也是层递。运用层递式结构要注意内容之间的前后逻辑关系，顺序不可随意颠倒。这种方法的好处是逻辑严密，能说明问题。

8．总分总式

运用总分总式的文章往往开篇点题，然后在主体部分将中心论点分成几个基本上是横向展开的分论点，一一进行论证，最后在结论部分加以归纳、总结和必要的引申。运用总分总结构时要注意，分总之间必须有紧密的联系，分述部分要围绕总述的中心进行，总述部分应是分述部分的总纲或水到渠成的结论。

9．日记式

读别人的日记本身就是一种很大的诱惑。如果把产品融入生活中，并且写出来，就会很自然，富有生活气息，不会有很浓的商业味。

10．散点式

围绕一个中心点，发散、发散、再发散。每一个点都是一句精美的句段。读这样的软文，常常不能形成具体的认识，但是有个朦胧的印象，有些时候一个朦胧的印象比具体的认识强。

11．书信式

很多公关案例都有这样的软文，如《致XXX的一封信》《致XXX的一份声明》等。

12．剧本式

剧本式布局新颖巧妙，能够增加软文的趣味性。适合在微信、微博、论坛上传播。

13．改编式

指对旧故事进行改编，或对旧内容进行新的解读，注入新内容。

4.7 软文中常用的9个自然收尾方法

1．自然收尾

所谓自然，就是不去设计含义深刻的哲理语句，不去雕琢丰富的象征，按照故事的走向或文章脉络收束全文。议论文用总结，记叙文出结果。

2．首尾呼应

其实是总分总的结构。这样做文章结构会变得完整，使得文章浑然一体。

3．点题点睛

结尾时，点出文章主旨，这是很多记叙文的做法，起到卒章显志、画龙点睛的作用。就好像寓言故事一样，讲完了故事说"这个故事告诉我们……"一样。

4．名言警句

名言警句用三言两语表述出含义深刻、耐人寻味的道理，借助他人之口说自己想说的话。名言的力量不可小觑，往往能提高文章的文辞水平和传播效果。

5．抒情议论

用抒情议论的方式收尾，是用作者心中的真情激起读者情感的波澜。软文如果能让读者产生共鸣，是一种很大的成功。议论文和叙述文都适用。

6．余味无穷

记叙文中，作者以独特的认识和理解，写下深刻含蓄的结语，力求意味深长，引人思考。例如李白的"孤帆远影碧空尽，唯见长江天际流"，岑参的"山回路转不见君，雪上空留马行处"等等。

7．请求号召

在讲清道理的基础上，向人们提出某些请求或发出某种号召。

8．展开联想

记叙文可以引出其他的线索，暗示玄机。议论文可以升华主题。

9．寄语祝福

如"愿天下所有ＸＸＸ都能不忘初心，砥砺前行。""ＸＸＸ提醒您雨天注意安全，做好防范，有效规避危险。"站在第三者角度的祝福，人情味十足。

4.8 软文中如何巧妙植入推广目标

软文植入的广告可以分为二种，一种是不需要"绵里藏针"，虽然软文强调绵里藏针，但用新闻报道、专访、访谈、评论等形式来作为一种软文推广，确实不需要太过于"藏针"，否则会有反作用。用这一种方式直接对推广的产品或者服务进行描述或者评论，不需隐藏，直截了当即可。

另外一种就需要讲究"温柔陷阱"了，将广告巧妙地融入文章，但能达到不动声色的境界还是很困难的，因为现在的用户对软文已经有相当高的免疫力了。而且，如果藏得"神不知鬼不觉"，会令软文失去意义。所以，笔者建议在写软文的时候植入广告不能影响阅读效果，不要看起来很假。大多数用户还是能够宽容对待的，一般常见的软文植入形式有以下几种：

1．故事情节植入

提及故事，不少人充满期待，因为我们从小就喜欢听故事。对于企业来讲，讲述一个企业故事，或者发生在企业的故事，或者创业故事，会让用户感受到企业的文化氛围，毕竟故事就是生活的一种艺术，而生活又离不开产品，所以讲企业产品和企业文化用故事来表达，是非常合情、合理、自然的。

这种方式开始就围绕植入的广告编故事，一切都是以这个需要为线索展开。这种植入尽管可能会让读者意识到是软文，但是只要故事新颖，大胆创新，读者还是愿意一口气看完的。

2．文本图片植入

将产品用图片加软文的方式来进行表达或者描述，企业可以在文章中插入品牌Logo、产品Logo或者水印，只要美观，就会产生自然的植入效果。或者配好与企业所宣传的信息相关的图片。切记，好的图片可以吸引有相同爱好的用户，赋予品牌人情味，使广告植入得更自然，使品牌与用户兴趣牢牢结合在一起。

3．段子植入

好玩、幽默、有趣的人生感悟或者段子总会令人受益匪浅，感悟颇深，因此企业把品牌植入到这些最受欢迎的段子当中，客户一定会赞叹创意的精妙，而不会反感。

4．舆论热点植入

细心观察就会发现每天都会有网络舆论热点人物或者事情，企业可以针对这些热点人物设计软文，并悄无声息地植入广告。但是必须敏锐地观察舆论热点的进度，不要等到热点事件关注度下降之后再策划，那就为时过晚了。

5．视频植入或语音植入

可以在微信软文中加入一段企业视频或者语音，这个也有技巧，最好可以找明星来录制视频或者语音，甚至也可以找企业的董事长或者总经理，总之要找一些在用户心目中有一定影响的人来录制，效果比较好。

6．在用户体验中植入

人们都会在朋友圈里记录自己的生活经验和感受，这些内容当中一定有相当的比例会涉及自己使用的产品。而这些体验与使用就构成了口碑效应。如果企业发起活动，让用户主动来讲述自己使用产品的体验并给予奖励，那么就可以激发用户向朋友传播这个品牌。当然，要找那些粉丝多的意见领袖来进行体验与分享，从而完成植入。尤其是企业要寻找各个兴趣领域的消费专家、消费达人，让他们乐于分享自己的收获，吸引更多的人参与其中。因为在社会化媒体大行其道的环境下，消费者的购买行为已经不单单依靠商家提供的产品和销售信息了，他们更倾向于听取身边好友以及其他网友的消费建议。企业可以通过意见领袖的引导、分享与评价，向用户实行精准营销。

7．将产品的信息以举例的方式展现

这种方式可以适当展开几十字，多用于平面媒体的软文。这一点写互联网的文章或者写教程类的文章比较常用。例如《软文写作技巧：如何确定软文的关键词》，就是用了这种方式。

8．借用第三者的身份

例如"某专家称""某网站的统计数据显示""某人的话表明"等。用这个方式一定要确保使用的信息是真实的，不然，可是会吃官司的。这种方式引入的文字建议不要太长，同样，这种方式多应用于平面媒体的软文。

9．以关键词形式植入

将关键词植入，如"同仁堂研发中心认为"，这类植入方式尽管没有融入太多产品信息，但是因为关键词及内文多次带有产品、商标或者公司名称，既能传达一种理念，又能达到被百度检索收录的效果。这种方式多用于网络门户类软文。

10．版权信息的方式或结尾植入

这种方式最为简单实用。只需要找出潜在客户群体，找出他们感兴趣的话题，原创或者转发相关话题的文章，内文不需要刻意琢磨如何植入广告，只需要在文章的最后加上版权信息即可。如"本文为匠人派原创，如需转载请注明出处"。

或者在软文结尾用版权形式植入，如"感谢阅读""阅读更多文章请关注博文视点公众号""如需转载请注明出处"等。软文结尾是产品信息流出的重点地方，如果在这个地方有自己的产品信息，带来的效果是非常大的。结尾的产品信息往往一笔带过，万万不能展开说明，如果这样做，广告味就太重了。

11．以自我介绍的形式植入

软文的开头需要很自然地透露出产品信息，这点非常重要，因为人们在看软文时，开头是肯定会看的。所以，如果产品信息能在开头中很好地透露出的话，软文的效果马上就提高了。想要自然透露产品信息，并不是那样容易,多用一些"托",如抽取相关的产品作为礼物等。

综上所述,植入式广告无处不在,悄无声息地影响着我们的生活。企业在利用软文植入广告的同时,一定要注重用户体验,切记用丰富、精彩并且用户感兴趣的内容,提高用户黏度,从而与用户进行深度沟通,获得口碑传播与好评。但是要注意四点,第一,植入式广告要符合公司的整体形象,植入必须要对产品形象带来正面积极的效果,例如,有关生命健康的产品就不适合做幽默恶搞的段子植入式广告。第二,植入广告的内容只有与受众相互吻合,才能确保产品的相应信息能够准确传递到目标消费群体。第三,植入广告的数量必须适度。适当数量的植入广告往往会取得比较好的效果,但物极必反,倘若植入广告过多,很可能会引起相反的作用。第四,植入方式必须合理隐形,要巧妙天成,似"水入大海不着痕迹",观众接受起来就比较容易。

总之一句话,你把粉丝当成朋友来看待,他们也将把你当作朋友来看待,这就是境界最高的植入方式了。

4.9 软文创意的思维方法

生活中处处潜藏着看似不可能的机会,关键是要习惯逆向思考的方法。有时需要我们超越的只是小小的一步,这就像"哈桑借据法则":一位商人向哈桑借了2000元,并且写了借据。在还钱的期限快到的时候,哈桑突然发现借据丢了,这使他焦急万分,因为他知道,丢失了借据,向他借钱的这个人是会赖账的。哈桑的朋友纳斯列金知道此事后对哈桑说:"你给这个商人写封信过去,要他到时候把向你借的2500元还给你。"哈桑听了迷惑不解:"我丢了借据,要他还2000元都成问题,怎么还能向他要2500元呢?"尽管哈桑没想通,但还是照办了。信寄出以后,哈桑很快收到了回信,借钱的商人在信上写道:"我向你借的是2000元钱,不是2500元,到时候就还你。"

逆向思维作为一种方法论，具有明显的工具意义。从中国古代哲学家老子的"有无相生、难易相成、长短相较、高下相倾、音声相和"之哲学思辨中能生发出很多具有可操作性的细则，笔者也发现这些思维对于软文的创作有着极大的帮助，在此分享几个比较实用的方法。

1. 方位逆向法

方位逆向就是双方完全交换，使对方处于己方原先位置。它不仅仅是指物理空间，更是指一种对立抽象的本质。相辅相成的对立面有：入与出、进与退、上与下、前与后、头与尾等，当然这种方法就可以用在日常的软文创作思考中，要和受众换位、和消费者换位进行创作。

这就好比恋爱中的小情侣总是时而甜甜蜜蜜时而吵吵嚷嚷，而吵架的原因不外乎就是抱怨对方从来不为自己考虑，从来都不站在自己的角度思考。事实上，软文撰写也是如此，如果在写文章时能真正站在受众的位置上想一想，或许会激起更多的共鸣和同感。所以我们在做软文营销推广时要多和对方换一个角度，进行"逆向换位"。当然还可以多次换位，甚至反复逆向换位。

2. 属性逆向法

事物的属性往往是多向位的，一件事情可以从不同的角度去理解，即使同一件事情从不同的角度观察，其性质也可以是多方面的，并且是相互转化的。就像钱钟书说的"以酒解酒、以毒攻毒、豆燃豆萁、鹰羽射鹰"，事物本身也包含着极大的矛盾性。当然写软文也可以动用属性逆向法，多角度、全方位进行阐明。

逆向思维总是能帮助我们在困难中找到出路。彼德·诺顿也是这样一个运用逆向思维走向成功的人。他曾经以3亿美元出售了他的电脑软件。这是一套被称为"恢复删除"的软件，目的是恢复被意外删除的电脑文件。不小心删除了文件是电脑使用者的噩梦，恢复被删除的文件是许多人的"妄想"，但只有诺顿朝前跨出了一步，把看似荒谬的妄想变成了现实。在诺顿的思考里，进与退、出与入、有与无，可以在更高层次上获得新的统一和转化，同样，文章的创作中也适用此法。

3．因果逆向法

逆向思维中"倒因为果、倒果为因"的方法在生活中的应用是极其广泛的。有时，某种恶果在一定的条件下又可以反转为有利因素，关键是如何进行逆向思考。尤其是在市场竞争激烈的当下，因果逆向法在文案中被广泛应用，例如加多宝在与王老吉打官司失败后出现的一系列文案："打官司你行，做凉茶我行""做凉茶世界第一，打官司倒数第一"等。

4．雅努斯式思维法（对立互补法）

"雅努斯"是一尊罗马神话中的两面神，传说中，他的脑袋前后各有一副面孔，一副凝视着过去，一副注视着未来。你常常能在古罗马钱币上看见他，一手握着开门钥匙，一手执警卫长杖，站在过去和未来之间。

雅努斯式思维法，就是以把握思维对象中对立的两个面为目标，自觉遵循逆向路径研究问题，善于把正向思考和逆向思考有机地结合起来。它要求人们在处理问题时既要顺着正常的思路研究问题，也要倒过来从反方向逆流而上，看到正反两方的互补性。

雅努斯式思维训练的第一步就是建立在"逆向"意识之上，首先要认识到事物都是由两个方面构成的，现在面对的问题必然还存在其对立面。也就是说，当你面对一个难题时，你可能会同时面对这个难题的条件、问题和答案。你需要做的就是对这个难题的构成重新洗牌，逆向考虑。

雅努斯式思维训练的第二步是把握住对立面之间相互渗透的关系，以达到对问题解决的质的飞跃。要时刻谨记：对立是为了共存，所以笔者建议偶尔用用这种方法，说不定真的可以脑洞大开！

5．逆向思维

每个人都有两种思维，第一种叫顺向思维；第二种叫逆向思维。大多数成功人士启用的多是逆向思维。有句话叫作"行有不得，反求诸己"，这概括起来也是一种逆向思维。

所谓逆向思维是和顺向思维相对应而言的，顺向思维又称条件导向法，是从现有的条件出发，条件有多少，就做多少，也就是说，条件决定结果。很多人在进行软文创作时都是围绕公司给的一些资料开始顺向思维创作。而逆向思维就是强调首先要确定好目标，然后从目标出发，反向推演，步步链接——倒推软文主题，倒推写作手法，链接可用的优质资源，链接方法手段……逆推思维的核心是不去重点研究现有的条件能达到什么目标，而是重点研究要达到目标需要什么条件和采取何种路径。所以逆向思维也是激发软文创意的良好方法。

当然还有其他思维方法可以灵活运用，例如发散思维、聚合思维、纵向思维、横向思维等等。

第5章

软文营销的力量

5.1 什么是软文营销

企业以扩大品牌影响力、实现销售、遏制经营对手等市场效果为目标，针对品牌或企业的商业特点和市场动态等内容，策划撰写一系列具有杀伤力的文章并发表在多个权威媒体上，覆盖大量人群，就是软文营销。简单来说，就把一篇关于企业的文章、新闻，或者一个新的观点，或者一篇可以引起读者共鸣的文章发布在多家不同网站上，并在后面注明这篇文章的来源企业及作者信息，嵌入行动目标，让想了解这些内容的人来阅读，从而产生广告效果。目前软文营销效果最好的是知识营销、新闻营销及企业文化营销。

在传统媒体行业，软文之所以备受推崇，第一大原因就是各种新媒体抢占眼球竞争激烈，人们对电视、报纸的硬广告关注度下降，广告的实际效果不再明显。第二大原因就是媒体对软文的收费比硬广告要低得多，在资金不是很雄厚的情况下软文的投入产出比更加科学、合理。所以企业都愿意以软文试水，以便使市场快速启动。

5.2 软文营销的特点

1. 属性是广告

从属性来说，它是企业软性渗透的商业策略在广告形式上的实现，通常借助文字表达与舆论传播使消费者认同某种概念、观念和分析思路，从而达到企业低成本宣传和高效率回报的目的。

2. 伪装形式是内容营销

软文营销的内容可以是新闻资讯、管理思想、企业文化、新兴技术、方法技巧、评论等一切与企业有关的内容。

3．宗旨是制造信任

软文营销是网络推广中一种非常具有说服力的方法。正是凭借有血有肉的信息，才能让更多受众了解和感受；正是能够满足受众的需求，浇灌用户的心智达到信任成交的目的，从而形成分享传播和口碑传承。

4．着力点是兴趣和利益

软文就是要让人在轻松愉快的气氛中了解产品的相关信息，随后增加进一步了解的欲望。

5．要求是把产品卖点说得明白透彻

不但要阐明产品的卖点，使受众对产品有良好的印象，还要引发消费者的购买行为。

6．重要特性是口碑传播

通过受众满意的内容，让客户自发地进行口碑传播。当前，随着网络媒体的发展，网络软文也大行其道。这里需要特别说明的是，网络软文在一些方面比报纸软文更具优势。

例如，报纸软文一般是纯文字，偶尔插入黑白图片，受众读过之后，除非内容特别有趣，一般不会再推荐给别人。而到了互联网时代，由于传播载体获得了空前的自由，网络软文的表现形式和传播方式更加丰富和广泛。从新浪、网易、搜狐等门户网站到各类中小网站，很多新闻资讯都夹杂着商业气息，隐藏着广告的玄机。而且它们在形式上已经突破了单一文字，可以采用精美的彩色图片、声音、Flash动画、视频等各种元素，而且受众往往还可以借助即时通信软件、邮件、论坛、博客等各种传播平台，将有趣的或有价值的信息转发给朋友，从而实现直接的、及时的口碑传播。

5.3 软文写作推广的注意事项

1. 忌跟推销宣传单一样

撰写软文，其实只有一个目的，就是为了获取更多的粉丝关注，但很多企业在一篇文章后面放了5条以上的推销广告，没有照顾读者的感受，还希望读者分享到朋友圈里，这简直是在做梦。如果真想留住更多的读者，请打造完美的阅读体验，放弃推销用语。纵览很多企业的公众号发现，99%的人都把文章做成了推销宣传单，把微信变成了广告的天堂，如果一直这样下去，营销效果将大打折扣。

2. 忌推广没有重点

很多中小企业做软文觉得"既然花了钱，就要花得值"，每篇文章出去一定要有全部关键词，但其实这样的软文效果非常有限。将关键词全部放进去就等于没有关键词，因为没有重点。最起码要精选几个关键词，不能全放。

3. 忌不做规划

经常有些公司高层说："我们要在两周内把品牌塑造出来"，这靠软文营销基本不可能做到。企业需要高效的盈利能力，但软文需要积淀，需要靠"润物细无声"的方式去影响。中小企业开展软文营销，不能像盲人挖井一样，四处开凿，必须注重策略规划，明确各个阶段都要做什么。

4. 忌追求以量取胜

有些开展软文营销的中小企业非常有信心和耐心，找了大批写手，文章量浩如烟海。这除了对于搜索营销有些帮助之外，几乎没有什么作用。这样的软文传播出去，效果不会太好。请牢记：软文营销靠的是质量，不是数量。

5．忌不切实际

软文可以规划，故事可以创作，产品优点可以放大，但是绝不是无源之水，无本之木，不能脱离实际。例如，明明就是假货，还要标称真货；明明没有权威的师资，还要吹牛说有厉害的老师；明明只是普通的保健品，非要吹成"延年益寿、包治百病"……

不切实际吹大牛会让企业名誉扫地，品牌价值也会越来越糟。品牌一旦让人有了不诚信的感觉，便覆水难收。

6．忌诋毁对手

要欣赏、学习对手的优点，他山之石，可以攻玉。此外，同行之间，尽管是竞争对手，也要合理、合法地竞争。诋毁竞争对手，在如今这个全民皆媒体的时代，不会带来有效的品牌价值。金龙鱼和鲁花、伊利和蒙牛的公关大战，都让双方付出了代价。敢于竞争、合理竞争，才是软文营销的正确方式。

7．忌专业程度低

好的软文应当用数据和事实说话，这样不但能通过事实性和专业性吸引读者关注，还能保证软文的推广得到实质性的成果。然而，事实上不少文案策划人员在创作软文时仅仅停留在通篇讲故事的阶段，缺少令人信服的数据，导致文章不够专业，缺乏说服力。如此，客户又怎么会放心购买产品呢？

8．忌推广意图过于明显

尽管如今的消费者都很精明，能够很快地分辨出一篇文章是否是软文，但是优秀的软文仍然能够对读者的消费心理产生引导作用，达到宣传品牌、提高产品销量的作用。相反，当文章的广告动机过于明显，措辞浮夸时，读者便会产生抵触情绪，不但会放弃阅读，甚至会对你的品牌和产品产生质疑，毕竟，软文推广讲求的是一种"春风化雨、润物无声"的传播效果，用意太明显只能适得其反。

9．忌太啰唆

因为读者看软文时通常没什么耐心，如果不能在几行字之内抓住读者的视线，后面的内容即使再精彩也毫无意义。避免写成写流水账，要精练语言、前呼后应，使一篇软文浑然一体。要解决这个问题，必须舍得删，舍得改，大胆地删除自己写的废话，将与主题无关的语言进行大段修改。

10．忌主题不明确

想要表达的内容不应太多，做到一文一议，一事一篇即可，不要试图在一篇文章中出现很多主题、很多人名或事件，读者是无法消化的。

11．忌广告直接

许多人认为企业产品软文就是广告，这是一种错误的认识。假如你的文章只有广告，读者在里面找不到自己感兴趣的东西、需要解答的问题和知识，那还会有几个人去关注、去点击阅读？偶尔插入一下广告可以，但整篇写广告，人人排斥。广告是令人反感的，大部分的人都不会去看，也不愿意看。

12．忌触碰违禁词汇

不要去触碰道德底线，撰写有风险的言论，一旦涉及道德问题将引发众怒，得不偿失。

13．忌忽视标题

标题是一篇文章最先映入读者眼帘的内容，一个好的标题可以帮助读者快速检索到自己感兴趣的信息，同时也可以让作者找准文章立意。

相信所有人对"标题党"都不陌生，所谓的标题党就是把文章的标题写得很出色、很有诱惑力，让人不得不去看里面的内容，然而看了内容之后才发现这篇文章一点用处都没有，写得很差，只不过是标题很吸引眼球罢了。虽然内容写得很差，但是文章的标题很好，读者点击看了，说明还是有效果的。软文撰写中最重要的一点就是标题，标题是点睛之笔，如果标题起得好，那么这篇软文就成功了三分之一。

14．忌无持续推广

也许你认为写一些文章并不困难，但是一件简单的事情做得时间长了也不简单。现在的作者可以说比较浮躁，总是企图通过一篇文章就实现巨量的点击率，或是大量的销售，开始的热情都是很高涨的，但是不持续，写上几篇以后看到没多少点击，没带来多少访问量，就停止写作了。

15．忌篇幅太长

文章不宜过长，长的文章用户体验不好，让人觉得啰唆、没重点；反之文章过短，寥寥几十个字甚至一两百字，搜索引擎不容易判断出文字的主题是什么，也就判断不出与什么关键词最相关，乃至误会网页之间相似性太高。所以较为合适的标准是不少于800字，在此基础上酌情调整。

16．忌不优化格式排版

科学试验证明，无论是在审美方面，还是在信息接收方面，人们最容易接受符合黄金分割法则的图片和信息。在文章中穿插美图最易被接受，一篇800字左右的软文需要插入至少3张图片。

17．忌内容同发

切勿在低权重的网站上发布并收录文章之后，又原样去别的高权重网站上发，更不能先在高权重网站上发布，又在自己的低权重网站上原样发布。由于搜索引擎的区别能力现在还不是很强，加上各大搜索引擎又在重点打击重复性信息文章，如果在自己网站和别的网站上发布相同的软文信息，那无论是自己网站上的信息被删除，还是发布在别的网站上的信息被删除，都得不偿失。此外，搜索引擎在删除网站的信息快照后，甚至还会认为你是恶意抄袭而进行降权。

18．忌锚文本大量出现

不管是在什么网站上发布软文，都不要在文章中大量出现锚文本。如果信息中出现大量的锚文本，搜索引擎会认为你是在作假，在处罚发布信息的网站时也会处罚链接到的网站。一般来说500字左右的软文中锚文本不要超过三个，并且同一个关键字只在第一次出现时做一个超链就可以了，不要重复做。

19．忌添加无关关键词

不要人为地在软文中强行加入不相关的关键词。这样的文章读都读不通，给客户的体验可想而知。这样的软文也是搜索引擎重点打击的对象。

5.4　常用的专题类软文与销售类软文写作要点

1．专题类软文写作要点

专题软文就是针对某一产品或者某一事件做成系列的软文报道，优势是可以多角度、多方面地表现产品或者品牌。要预先策划好提纲，一般有资讯、图片、视频等专题。专题软文还要结合主题，将知识和信息进行整理，加入自己的理解，使可读性、趣味性、系统性大大加强。其内容一般包括：常见问题、解决方法、专家解疑、成功案例。专题软文的写作要点如下：

1）制作的专题一定要真正对目标受众有价值

专题软文最大的竞争力取决于它自身的实际价值，要看其是否能给读者提供一些系统的知识，或者推送了一些有用的信息。

人们之所以爱看专题，是因为需要知识。例如一个人想治糖尿病，如果你是治疗糖尿病的专家或有自己的门诊，那么制作一系列糖尿病专题的软文，肯定会受到这一类人群的喜欢，这对他们来说是非常有价值的，他们不仅想知道怎么样预防、治疗，还想要知道为什么会得糖尿病，以及如何在日常饮食中去规避等。那么你的专题软文中就要有以下内容：糖尿病的基本常识、糖尿病的预防及治疗、治疗糖尿病的误区等。

2）专题性的软文中不要只推荐自己的产品或者项目

如果在专题中一味地只去推荐自己的产品或者项目，那么跟一般的硬广告并没有区别。专题软文需要推荐一些与自己产品不直接相关的或者说不产生竞争力的产品，例如治疗糖尿病的小偏方等，这样你的受众人群会对你的软文有很大的认可，让人感觉你是在真正地教给他们知识，而不是一味地在推荐产品，他今后也会有更多的兴趣看下去，会更容易接受你的软文，甚至还会帮你进一步推广传播。

3）专题软文要有比较清晰的结构

由于专题软文是由多篇相关的文章或者资料组成的，很难全部原创，所以一定要有比较清晰的结构，最好能做一个目录，使受众人群能够清晰地看到这个专题软文分为哪些部分，主要内容是什么，如此一下子就可以吸引他们的注意力。专题软文有一个很大的特点就是信息的全面性、内容的丰富性，其内容可以通过网络搜集。如调查以往的新闻信息，收集它们的观点进行整合，对于一些另类的知识，百度百科、问问搜索、知乎等都是不错的信息渠道。

2. 销售类软文写作要点

销售类软文就是直接以销售产品为目的，在撰写时必须讲究软文的销售力。所谓软文的销售力，就是指能激起客户购买欲望的能力。而想要激发客户的购买欲望，就必须将产品与客户最关心、最需要解决的问题结合起来，形成直入人心、打动客户的说服点。销售类软文的写作要点如下：

1）以安全感为软文的说服点

人总是趋利避害的，安全感是最基本的心理需求。把产品的功用和安全感结合起来，是说服客户最常用的方法。例如在化妆品销售软文中，说这种化妆品对于盛夏出行的防晒很有效，这对于怕晒一族肯定具有吸引力。而房地产的销售软文，对客户说"物价上涨、房价上涨、资金缩水，不如投资房屋来得安全"就很有诉求力。

安全感的反面是恐惧感，如果凭借安全感打动不了客户，那不妨用恐惧感来"吓唬"客户。教育培训学校的软文常说"不要让孩子输在起跑线上"，就是一种"吓唬"。

2）以价值感为软文的说服点

每个人都希望自己的个人价值得到认可，将产品与实现个人的价值感结合起来，也可以打动客户。例如步步高学习机就说"妈妈再也不用担心我的学习"，这是对父母很有说服力的话。

3）以爱情和亲情为软文的销售话术

毋庸多言，爱情和亲情是人类最大的需求和欲望，将产品与之结合也是销售类软文的说服点。

4）聚焦式创作

任何一个产品或服务项目可写的内容是多方面的，创作时如果胡子眉毛一把抓，面面俱到，往往适得其反。可以选择聚焦式，集中一点进行软文创作，效果更佳。例如销售化妆品的软文，有清洁、润肤、去油、美白、去皱等诸多的特点，在行文的时候，如果没有着重点，每一处都想彰显，往往都不是优点。不如选择产品最独到的优势进行放大吸睛，聚焦一点，持续创作。

5）新颖式撰写

所谓"新"，就是耳目一新。制造新词汇，开辟新创意。有些软文，写出来还是老生常谈，似乎在哪儿见过，原因除了材料陈旧之外，主要是写作创新不足。要选取别人没有写过的内容，才能让销售类软文具有新意。

还有些人说，销售类软文写的都是产品，产品的同质性非常大，都差不多，怎么能写出新意来？其实这是一种误解，如果你只是像产品宣传书那样说明产品的性能、功效等，当然是无法写出差别来的。但销售类软文能够写得和新闻一样，通过"为软文寻找由头""让软文具有时效性""让软文具有新闻要素""运用新闻的结构"等方式，寻找一个全新的方式来撰写。

6）从产品或服务的独特优势进行创作

这也是销售类软文最常用的写作方法之一，如果产品或服务具有别人没有的独特之处或稍微胜人一筹的优势，例如有自己的专利，或者是由某权威机构研发等，都可以作为文章撰写的起点。

7）从季节和节日寻求突破

每个季节和节日，人们都有不同的需求，那么销售类软文就可以以季节和节日为写作角度进行切入。例如化妆品，如果是在春天，人们都关心皮肤干燥的问题，可以从保湿、润肤的角度去写；而到了夏天，防晒是大家关心的重点，可以从化妆品防晒的角度去写。另外，节日也是一个很好的时机，可以将节日和产品结合起来写促销软文。

5.5 软文营销的风险与规避

1. 遵规守法是第一前提

2015年9月1日正式实行的新《广告法》被称为"史上最严"的广告法。

对广告主、广告经营者、广告发布媒体而言，如何使企业的生产经营活动特别是广告宣传活动能够在符合《广告法》要求的框架下开展，做到既合法合规又有好的宣传推广效果，是每个企业需要认真思考的问题。

曾有人担心新《广告法》是否会限制广告创意的自由空间，影响广告市场和广告业发展。新法修改之处很多，但有三点不会改变，一是保障广告内容真实合法的基本原则不会改变，二是保护消费者合法权益、维护公平竞争市场秩序的立法宗旨不会改变，三是提升广告创意水平、推动广告市场发展的立法目标不会改变。虽然法律条文有大量禁止性条款，但法律有句格言叫"法无禁止即可为"，在禁止的圈子之外还是有很多可以自由发挥的空间的，所以遵规守法并不意味着限制了创造力。

新《广告法》之所以禁止使用"国家级""最高级""最佳"等用语，是考虑到由于竞争状态不断发展变化，任何商品服务的优劣都是相对的，具有地域或时间阶段的局限，在广告中使用"国家级""最高级""最佳"等绝对化用语，违背事物不断发展变化的客观规律。使用绝对化用语不但容易误导消费者，而且可能不正当地贬低了同类商品或服务，因此应当禁止。

工商总局曾经在个案批复中认定过"极品""顶级""第一品牌"属于禁止用语。如果绝对化用语指向的不是经营者所推销的商品或提供的服务，则不属于禁止范围。禁止使用的绝对化用语应具有损害同行竞争者利益的可能性，在软文策划创作前，要做到违法风险的规避。

2. 过度包装是一种欺骗

随着商业社会的渐趋完善与信息技术的快速发展，"互联网+"的思维方式逐渐深入人心，新媒体逐渐形成并焕发出蓬勃的生机，软文营销推广愈发被企业与其他社会组织所重视。然而，在软文写作、营销与推广中，由于某种急功近利的商业追求，给人一种软文很"假"很"装"的负面效应，尤其表现为有偿新闻的特意拔高——软文以新闻的面目出现，混淆了新闻与广告的界限。新闻记者玩弄一些文字游戏，在字里行间将企业拔高、为企业站台，帮助金主达到营销推广的目的，这是有偿新闻最常见的形式。

新闻媒体与企业的有偿新闻，其实是"权力寻租"，就是利用手中的公权去谋取利益。企业越来越看重新闻的公信力和美誉度，若媒体从业者缺乏自律与他律，很可能在市场与权力之间"套利"形成不公平竞争。

3．切忌毫无节操涉"三俗"

互联网时代，软文营销推广基本上是以浏览量为重要评判依据的。没有浏览量，就不会有转化率，也就无法实现广告主的特定需要。基于对浏览量的疯狂追求，从某种程度上讲，软文中最重要的就是标题。平庸俗常的标题，吸引不了受众的眼球，也就带不来浏览量。所以，软文的标题基本上是花样百出，以求新、求异、求刺激为卖点，甚至出现以违背公序良俗为代价，一些文不对题、断章取义的软文。

2017年6月7日下午，北京市网信办依法约谈微博、今日头条、腾讯、一点资讯、优酷、网易、百度等网站，责令网站切实履行主体责任，加强用户账号管理，积极传播社会主义核心价值观，营造健康向上的主流舆论环境，采取有效措施遏制渲染演艺明星绯闻隐私、炒作明星炫富享乐、低俗媚俗之风等问题。

同时，关爱八卦成长协会、毒舌电影、芭莎娱乐、男人装等娱乐微信号被永久封号，咪蒙的多篇文章也被删除，公众号被禁言。6月7日再查看咪蒙于6月6日晚发送的头条《嫖娼简史》时，点开会提示该内容违反《即时通信工具公众信息服务发展管理暂行规定》，如图5-1所示。

接相关投诉，此内容违反《即时通信工具公众信息服务发展管理暂行规定》，查看详细内容

图 5-1　被删文章打开后的页面

据了解，有网友表示在第一时间看到咪蒙的推送文章时就点了投诉，并在后续收到了投诉结果，如图5-2所示。据投诉页面显示，《嫖娼简史》这篇文章涉嫌低俗、性暗示或色情信息。

图 5-2　投诉结果页面

在被举报之前，笔者刚好看过这篇文章。比内容本身更可怕的是，这篇文章的受众大部分是没有自我判断能力的孩子、学生以及年轻人。除了这一篇，咪蒙的其他一些文章也因违规被删，如图5-3所示。

日期	标题
6月6日	《嫖娼简史》
6月5日	《我有个春梦，你跟我做吗？》
6月2日	《傻逼！我的性取向是你！》
5月31日	《你的胸（·人·），我的胸[··]》
5月24日	《"我要对小三好点，她为我牺牲了很多"》
5月24日	《你们的童年阴影，是我做梦都想要的》

图 5-3 咪蒙因违规被删的文章

虽然这个社会要多元，要有娱乐精神，但是那些八卦并不是真正的娱乐，是娱乐之死，是娱乐的资本化。如果社会充斥着拜金、低俗、浮躁的氛围，那么社会的发展也不会健康。我们现在需要的是踏实、肯干、有正能量的人，这样我们的发展才会更好，社会也会更和谐。

4．抵制虚假夸大的内容

软文应实事求是，虚构一个不存在的故事并伪装成亲历者向受众夸大某个产品的效果，推销商品，或是有些企业谎称获得国家专利，子虚乌有地进行虚假宣传，这些行为严重伤害了受众，一旦被追究，企业的美誉度将荡然无存，甚至会受到惩处。

5．拒绝诱骗式的写作思维

一些软文的推广者会利用人性的弱点，虚构或杜撰一些匪夷所思的故事，或者是一些非常荒诞的问题来吸引用户去点击。标题很惊悚，如《太可怕了！未来每个人都摆脱不掉，有图有真相！》《不要再买这些物品！因为它100%致癌！》《不转不是中国人！》《为了家人的健康一定要转！》等。然而，其中的内容大多是不符合常识的，只是故弄玄虚而已，影响读者阅读体验，造成差评飙升。

6. 防止侵犯肖像权

整形美容机构以及中小化妆品企业对明星肖像权、名誉权的侵犯呈现出明显的网络化特点，经官方数据统计，侵权者多为整形美容机构的下属网站，也有微信公众号、微博。它们的手段相似，均在未经过授权的情况下，使用明星的照片作为文章的插图，用来宣传自己的整形美容项目。

是否经过本人同意、是否用于营利目的，是法院判定相关机构使用明星照片是否构成侵犯肖像权的两个条件。不过整形美容机构针对侵犯肖像权的抗辩，则主要集中在"是否用于营利"这一问题上。有整形美容机构试图以软文推广的方式，把宣传内容包装成新闻报道，削弱使用明星图片用于商业宣传营利的目的性，从而规避侵犯肖像权的风险。"傍名人"也要在合情合理的范围内进行。

7. 防止侵犯荣誉权

近年来异军突起的新媒体，现在频频成为法庭被告席上的常客，先看几个比较著名的集团维权案例。

（1）阿里巴巴集团向上海市青浦区人民法院和上海市宝山区人民法院分别提起诉讼，起诉今晚报社（微信公众号"今晚报"）、福建省益红大白毫茶叶有限公司（微信公众号"福鼎茶农五月"，微博账号"福鼎茶农-五月"），针对二者利用微信公众号、微博等新媒体刊登不实内容的行为，要求对方停止侵权、赔礼道歉，并分别索赔人民币1000万元。

（2）万达集团起诉"顶尖企业家思维"微信公众号，称其冒用王健林名义发布针对淘宝的虚假言论，造成了极为恶劣的影响，就此索赔1000万元，并要求"顶尖企业家思维"公众号运营者公开赔礼道歉，消除影响。

（3）"芭莎娱乐"微信公众号因在发布文章《人人网十年落幕 又一段青春记忆终结》时称人人网即将关闭，遭到人人网所属的北京千橡网景科技发展有限公司起诉，要求停止侵权、赔礼道歉，并索赔300万元。

（4）2016年8月11日上午，海淀法院发布案件快报，称"今日头条"因不满被"现代快报"指责为"今日偷条""今日剽客"，其运营方北京字节跳动科技有限公司将江苏现代快报股份有限公司、江苏现代快报股份有限公司无锡分公司诉至法院。

在人人都是自媒体、人人都可以发布内容的当下，一些公众号、微博账号刻意诽谤、恶意影射，以夸张的标题和内容捏造虚假事实，达到诋毁别人公司的目的。应从自身做起抵制这一不正之风，绝对不能侵犯别人的权益。

8. 抵制不正当竞争

不正当竞争行为，是相对于市场竞争中的正当手段而言的，它泛指经营者为了争夺市场竞争优势，违反法律和公认的商业道德，采用欺诈、混淆等手段，扰乱正常的市场竞争秩序，并损害其他经营者和消费者合法利益的行为。不正当竞争行为说到底是损人利己、不劳而获、搭便车的不道德行为，因此，以是否违反商业道德作为标准来概括不正当竞争行为是最为贴切和全面的。如果被认为是不正当竞争，要承担以下责任：

1）民事责任

《反不正当竞争法》规定，如果经营者的不正当竞争行为给其他经营者的合法权益带来损害，经营者应承担赔偿责任。被侵害的经营者的损失难以计算的，赔偿额为侵权人在侵权期间因侵权所获得的利润；并应当承担被侵害的经营者因调查该不正当竞争行为所支付的合理费用。

根据《反不正当竞争法》的规定，凡假冒其他企业的注册商标，擅自使用知名商品持有的名称、包装、装潢等，以排挤竞争对手为目的以低于成本的价格销售商品，以及侵犯他人商业秘密等行为，均须责令停止，并给被侵害人消除影响、恢复名誉。

2）行政责任

《反不正当竞争法》规定的行政责任，要通过相关监督检查部门对不正当竞争行为的查处来实现。行政责任的形式主要包括责令停止违法行为、责令改正、消除影响以及吊销营业执照等形式。

（1）强制行为人停止不正当竞争行为。例如强制停止虚假广告宣传、停止以低于成本的价格销售商品等。

（2）没收非法所得。对假冒名优商品、商标，擅自使用知名商品特有的名称、包装、装潢、制作等发布虚假广告的行为，所得利润，应予以没收。

（3）处以罚款。对擅自制作知名商品特有的名称、包装、装潢，对采用财物或其他手段进行贿赂，对违反规定的有奖销售，对侵犯他人商业秘密等不正当竞争行为给予金额不等的罚款。

（4）吊销营业执照。不正当竞争行为者如果经教育不改，给他人造成经济损失或其他影响的，可以吊销其营业执照。

3）刑事责任

刑事责任适用于那些对其他经营者、消费者和社会经济秩序损害严重、情节恶劣的不正当竞争行为。《反不正当竞争法》只对经营者要承担的刑事责任作了原则规定，确定具体的刑事责任要适用我国《刑法》的相应规定。

企业在做软文营销推广时，务必要做到遵纪守法。

5.6 软文营销22问

1. 问：软文中关键词如何重复叠加？多少比较合适？

答：对于网络营销工作者来说，关键词优化是一个常见的项目。建议关键词占文章总词数的5%，这样不会影响阅读效果，也不会造成搜索引擎的反感。关键词叠加，是指为了增加关键词密度，在网页上大量重复关键词的行为,那么很多朋友就问了,关键词叠加不是只关网页的事吗?为什么还扯上软文呢?那么朋友们,请问,每一篇文章的阅读页面是不是一个子网页?如果是的话,那这个网页中关键词的叠加会影响搜索引擎吗?答案是一定的。所以,在软文编辑中,关键词的重复叠加,也是必须要重视的问题。关键词出现方式只要遵循以下几点,软文的关键词优化就基本上完成了:

(1)在软文中平均出现关键词,关键词不扎堆;

(2)软文的开头和结尾处必须至少出现一次关键词;

(3)将软文开头或者结尾处的关键词加粗,或者使用斜体(注:一篇文章字体最好不要超过两种);

(4)软文分项目时使用列表的方式,在列表的小项目中平均出现关键词。

2.问:软文发布之前需要检查的内容有哪些?

答:(1)软文的撰写目的是否明确;

(2)软文的标题是否足够吸引人;

(3)软文的内容是否上下连贯;

(4)软文中关键词的植入是否过密;

(5)软文的配图是否合适,是否有法律风险;

(6)软文是否有长尾词;

(7)超链接是否正确;

(8)软文中是否有错别字,以及标点错误。

3.问:怎样在百度知道上做软文营销?

答:熟知网络推广营销的朋友们都知道,百度知道或百度百科的内容在搜索引擎中往往排名比较靠前。百度知道是国内最大的知识问答网站,拥有巨大的人气和流量，在上面回答问题，不仅可以为网站增加流量、带来外链和人气，还可以增加在搜索引擎中的权重，可谓是网络推广营销人员的必争之地。好好利用这个工具，定能带来意想不到的营销效果。

不过，百度知道在其原则中明确规定了禁止任何为增加流量而回答问题的形式，如果操作不当，百度不仅会删除你的回答，你的网站还有可能被惩罚。那么百度知道究竟会有哪些规则呢？以下是几种常见的情况：

（1）大量或重复发布指向同一网站的链接按广告处理；

（2）为了增加流量而故意引导他人到某个网站或论坛按广告处理；

（3）为某营利性的组织或个人做广告，按广告处理；

（4）从事任何物品（包括虚拟物品如虚拟货币等）的交易按广告处理；

（5）宣传、发展传销活动按广告处理；

（6）多次将个人空间地址作为参考或者回答按广告处理；

（7）如果同一用户用相同的答案回答大量不同的问题，该用户的回答将被删除；

（8）大量使用知道链接作为回答按灌水处理。

4．问：如何确定SEO的软文标题关键词？

答：1）流量统计工具

比较常见的是百度统计、CNZZ等流量统计工具，通过分析历史到站关键词，确定长尾词和竞争度比较小的软文标题关键词。

2）百度下拉框

百度下拉框比较好操作，直接输入核心关键词，可以延伸出很多长尾词，一般竞争力比较小。

3）问答平台

百度知道、知乎等平台也是用户常常登录的平台，问答关键词的确定非常重要。最近异常火热的分答也是不错的选择，听一下，说不定就会有意外的收获！

4）站长工具等第三方工具

站长工具、词库网等第三方工具也会提供挖掘长尾词的功能，不妨利用一下。

5）百度推广的凤巢竞价系统

凤巢竞价系统的添加关键词功能也很好用，而且准确度高，非常推荐。

6）百度指数

百度指数有一定局限性，就是只有被收录的关键词才有数据，而且容易造假。

7）观察分析竞争对手软文

虽为竞争对手，可是对方也有值得学习的地方，正所谓"知己知彼，百战不殆"，如果知晓对手的软文模式，我们就能更好地针对其弱点出击。

符合SEO的软文标题能获取更多流量，软文通过各种平台发布后，百度等搜索引擎收录了也可以获得较好排名，可对品牌推广及产品销售起到至关重要的作用。

5．问：如何让软文推广上百度首页？

答：1）做百度竞价推广

最直接、最快速的当属百度竞价推广，只要不怕花钱，对产品有足够的信心，甚至能够把控盈利的节奏，那么百度推广无疑是最好的选择。

竞价的优势是见效快、易操作，相比于SEO，竞价的操作更简单，甚至不需要太多技术含量，也没有太多不确定因素。虽然竞价系统也有相关质量度的判定，但是一般只要行业相关，质量度的可考虑因素很小。

竞价的劣势是公信力差，大家都知道2016年爆发了魏则西事件，迅速对百度等搜索引擎产生了很强的负面影响，竞价广告的公信力急速下降，甚至不被消费者接受。而通过SEO排名比较靠前的网页相对公信力就要强很多，尤其是新闻门户网站的网页。这是因为竞价属于暗箱操作机制，消费成本取决于竞争对手的出价，尤其是现在竞价排名的推广位减少至 4 位，大家都在提高出价竞争有限的展现广告位，使得竞价成本变高。

2）做SEO优化

SEO优化分为内链、外链、关键词、优质内容四大核心。SEO的优点如下：

（1）节省费用，通过关键词优化提高的网站排名，不会因为点击而扣费。

（2）关键词自然排名只限于左侧排名，可让自己的产品展示到客户最喜欢的位置。

（3）关键词排名稳定，能长期显示在百度首页靠前位置。

（4）利于品牌推广，稳定的自然排名能够获得同行和客户的信任。

（5）自然排名靠前的关键词带来商机更大，用户更倾向于点击查看自然排名的结果。

（6）全面覆盖，一个关键词排名上去后，相关的长尾词相应地也会排名靠前。

（7）更好的用户体验，正确的优化并不会为了迎合搜索引擎而把网站改得面目全非，相反，优化会遵循"用户喜欢的才是搜索引擎喜欢的"这一基本观点，去充分考虑用户的体验。

SEO的缺点有：

（1）见效慢。通过网站优化获得排名是无法速成的，一般难度的词大约需要2～3个月的时间，如果难度更大的词则需要4～5个月甚至更久，建议企业可以在销售淡季进行网站优化工作，到了销售旺季时排名也基本稳定了。

（2）排名规则的不确定性。由于搜索引擎对排名有各自的不同规则，有可能某天某个搜索引擎对排名规则进行了改变，那么原有的排名位置就会发生变动，这个是很正常的现象，届时我们应以最快的速度研究最新的规则，将网站重新恢复排名。

（3）关键词区分难易程度。竞争过于火爆的关键词做优化排名难度是很大的，这需要非常久的时间，而且价格也会非常高昂，所以难度太大的词不适合做优化。

（4）关键词数量有限。做网站优化一个页面推荐只做一个关键词，最多不超过4个，其中1～2个是主词，剩余1～2个是副词，做不到竞价排名那种想做多少做多少的效果。

（5）排名位置在竞价排名之后。这个是由百度的规则决定的，自然排名所在的位置只能在竞价排名的网站之后。

3）新闻软文推广

新闻软文推广是经过新闻的方法在各大媒体（如新浪、搜狐、腾讯等知名网络媒体）上进行宣传报道。这些渠道对百度而言权重十分高，登上这些媒体的软文将会在百度主页较前展现。

在这些媒体上进行软文发布时，一定要对文章的标题和内容进行关键字的优化，也就是说要运用百度指数、热搜词等进行关键字的挑选和植入。例如，无论我们卖什么产品，总要通过爱站网（链接http://ci.aizhan.com/）选择跟产品相关的关键词，如图5-4所示。

图 5-4　关键词挖掘（来源：爱站网）

为什么要这样做呢？因为选择和有搜索量的关键词结合在一起，你的产品广告才会有人搜索。没有人搜索的产品广告是没有价值的，同理，也就不会有收益，就是这么简单。

例如你是卖减肥产品的，通过这个工具，搜索"减肥"就会出来一堆和减肥相关的关键词，看看哪个关键词更适合产品，就选择哪个。

6．问：如何通过百度知道做软文营销？

答：撰写问题时要尽量简短，包含相关关键词、长尾词更容易达到排名；撰写答案时回答不能过于广告化，要站在用户的角度上回答问题，否则不但容易被搜索引擎删除，用户也会很反感。这里教大家一个技巧，可以在百度百科复制相关内容，再进行编辑。

后期效果评估与风险是，百度知道发布的软文，收录概率在90%以上，正规行业一般可以达到100%。排名与关键词的竞争度有关，如果所含关键词没有已经发布的回答，那么基本一周就可以排名到首页。如果已经有相关回答，可能需要的时间更久，一般是2~3个月。百度知道在百度的排名机制基本符合提问越早排名越靠前的准则。

7．问：什么是关键词转移？

答：在百度推广后台，关键词可以很方便地转移到其他推广单元，如图5-5所示，前提是你想转移的推广单元不包含相同的关键词。转移后的关键词，原有的设置如匹配方式、出价、访问URL等都会保持不变。就是说，如果关键词设置的是单元出价，那么转移后的出价会跟随新的单元。所以，转移关键词后，有必要检查下出价。

图5-5　关键词转移（来源：百度推广后台）

8．问：什么是否定关键词？

答：否定关键词也称为否定匹配，它是关键词的基本匹配方式之一，是账户操作层面的概念。否定关键词在推广计划层级和推广单元层级都可进行设置，分为"否定关键词"和"精确否定关键词"，具体来说，否定关键词的作用是，当且仅当网民的搜索词中完全包含否定关键词时，推广结果才不会展现；而精确否定关键词的作用是，当且仅当网民的搜索词语与精确否定关键词完全一致时，推广结果才不会展现。

否定关键词和精确否定关键词仅对广泛匹配和短语匹配的关键词生效，在下列情况，可以考虑使用否定关键词或精确否定关键词：

（1）使用广泛匹配和短语匹配的过程中，通过搜索报告或其他方式发现了不相关的搜索词，通过分析确定这些词不能带来转化时，可以考虑设置否定匹配。

（2）使用广泛匹配和短语匹配的过程中，通过数据分析，发现了相关但转化率极低的关键词时，可以考虑设置否定匹配。

适当地使用否定关键词或精确否定关键词，可以过滤那些不能带来转化率的展现和点击，降低转化成本，进而提高投资回报率，如图5-6所示。

企业提交关键词："格力空调维修"、广泛匹配						
网民搜索词	格力空调维修	空调修理	郑州空调维修	空调图片	格力空调	代理格力空调
企业推广信息是否能出现	✓	✓	✓	✓	✓	✓
企业希望	✓	✓	✓	✗	✗	✗
				否定关键词"图片"	精确否定"格力空调"	否定关键词"代理"

图 5-6 否定关键词设置效果

9．问：百度推广开户都需要哪些流程和资质？

答：首先需要了解当地的销售体系和地域政策，包括首次预存款、服务费收费标准，不同地区根据当地经济水平都有所差别。另外，需要特别注意的是不能跨地域开户。例如河南地区的企业（一般以营业执照注册所在地为准），不能找河北地区的百度代理商开户。

其次，要想在百度进行搜索推广必须要具备开户资格，包括提交有效的营业执照照片以及推广网站的ICP备案（部分行业的推广网站要求有ICP备案，例如网购能在线下单的网站）。特殊行业还需要所处行业的特殊资质。如果相关资质齐全，可以通过人工服务或者在线的方式进行注册申请。开户之后，百度要对账户里面的基本信息进行审核，审核通过之后才能开始进行推广。审核的内容包括营业执照、公司主体、从业资质、ICP备案、公司所在地、联系人信息、网站URL和网站内容等。具体开户流程及事项请直接咨询当地的百度服务中心，因为注册规则随时都有可能发生变化。

再说一下注册商标的问题。企业可以通过提供注册商标的资质来申请注册商标保护。这样其他企业在创意中就不能包含注册商标的内容,如果包含的话会被系统拦截,拒绝上线推广。

10. 问:如何通过百度文库做营销推广?

答:百度文库是互联网营销必备的利器,以在百度上搜索"面膜基础知识"为例,百度文库第二个就出现了,如图5-7所示。所以说百度文库权重极高,排名也好。

图 5-7　百度文库权重极高

用百度文库来做营销推广要注意以下几点:

1)遵循规则

通常来讲百度文库比较偏好PPT和PDF格式,如果用Word的话审核不易通过。所以上传内容最好保存成这两个格式。不同账号可以同时上传两种格式的文档,随便通过一个就可以,例如PPT加PDF或者Word加PDF,总有一个会通过审核。

2）内容有料

由于文库的定位是向大众传播知识、普及知识，因此内容有价值是关键。上传的文件最好包括三页以上，因为太短的内容不易做广告，而且不易通过审核。

此外，文件的内容一定要具备可读性，毕竟你上传信息是希望别人读的，如果它没有可读性，即便是审核通过了也没有人会看，而且还可能会被删掉。

3）标题优化

拟定标题的时候一定要考虑SEO，做好关键词的优化。值得注意是，标题要避免广告化。做过百度文库推广的朋友们都知道，标题很重要，有时甚至能决定一篇文章的命运。

4）标准上传

大家可能有过这样的经验，批量上传的时候通常是全部失败，而一个一个来的标准上传更容易成功。这是因为百度基于人工审核，批量上传容易被注意到，进而严加审核。所以尽量选择标准上传。

5）满足需求

如果某一类知识的需求量很大，搜索的人数比较多，而你的内容恰恰能满足用户需求，那么营销效果不言而喻。

6）下载积分

文档设置的下载所需积分最好为0，这样能方便用户下载再次传播。不要忘了制作文档的目的就是为了推广产品、寻求客户信息。当然，如果你是靠这个赚积分就另当别论了。

7）结尾引流

记得将联系人的电话、QQ和微信号留在文末，可以先在Word内打字，然后截图将图片植入文档。注意不要留太多广告信息，否则会影响受众体验。

11．问：如何利用百度贴吧权重做SEO优化？

答：可以在百度上搜索一个关键词来看一下百度贴吧巨大的流量空间，如图5-8所示，"微商怎么做"就是一个长尾词贴吧。搜索时绝大部分贴吧在百度首页都可以看到，所以说百度贴吧与百度百科、百度知道、百度经验、百度文库的权重都是非常高的。

图 5-8　百度贴吧权重极高

所以，只要在百度有收录的长尾词，都可以做成贴吧去抢占百度首页的位置。要特别强调的是，长尾词尽量不要使用第三方关键词工具（例如金花关键词工具、战神关键词工具等）提取，因为这些工具都没有百度自身的关键词工具来得精准。搜索这类关键词时，有三个渠道：百度搜索下拉框、百度知道提问、百度相关搜索，这些渠道挖掘过来的长尾词，几乎都是大量用户搜索过后，百度经过匹配分析推送给你的精准长尾词。其实只需要将你所从事行业的长尾词进行逐一列出，然后把搜索量大的做成百度贴吧，就能够在网民搜索这些长尾关键词的时候，在搜索结果页面占据1个免费广告位。

百度贴吧的收录和排名规则也很简单，只要每天更新贴吧信息，尽量使内容正规，文章就很容易被收录和获得排名，给你带来源源不断的流量和曝光率。

12．问：如何通过QQ兴趣部落进行软文营销？

答："QQ兴趣部落"是腾讯手机QQ于2014年推出的基于兴趣的公开主题社区，具与拥有共同兴趣标签的QQ群实现了打通和关联，形成以兴趣聚合的社交生态系统。其实说到底，兴趣部落就是手机QQ的一个互动社区。那么如何进入QQ兴趣部落？

方法1：可以在手机QQ的"动态"中点击"兴趣部落"，如图5-9所示；

方法2：可以直接下载兴趣部落APP，其界面如图5-10所示。

图5-9　通过手机QQ进入兴趣部落　　　图5-10　兴趣部落APP

当然，我们也可以创建一个属于自己的部落。但由于新建立的兴趣部落可能流量不是很多，所以需要去其他人的部落里拦截流量。进入其他人的部落之后，不要马上发帖，而是要先关注，签下到，看看部落里面的管理公告，了解好情况后再下手。也可以通过潜水看看大家在这个部落里面互动率最高是什么话题，了解完之后再进行话题发布。

此外，标题要具备吸引力，文案不能太长，且最少配一张图片。有些部落管理相对严格，如果不能在文案里面直接留下QQ或者微信号，最好发表后立马回复，留下你的联系方式或者要推广的品牌。切记收到评论的时候，最好在第一时间回复，并在回复时把自己定位成领域的专家，让别人对你产生信任。这样别人才会关注你，才会重视你要推广的信息。

13．问：在软文写作初期是多学知识技巧，还是多做案例研究？

答：我认为，对案例的研究学习应该会更有效一点，因为我们需要了解什么样的软文是精品。有很多软文本身就是范本，从一开始的设想，到落地，再到一些效果的统计，处处经过了巧妙的构思。要分析它的前因后果，这样的案例研究才是有效的。软文写作中理论是理论，实践是实践。要通过自己对众多案例的剖析学习，了解如何把理论应用到实践之中。

14．问：什么是新闻源？

答：新闻源是指符合百度、谷歌等搜索引擎种子新闻站的标准，站内信息能第一时间被搜索引擎收录，且能被网络媒体转载成为网络海量新闻的源头媒体。新闻源的地位举足轻重，具有公信力与权威性。

新闻源可根据搜索引擎的不同分为百度新闻源、谷歌新闻源、搜搜新闻源、搜狗新闻源、360新闻源等，不同的搜索引擎对新闻收录的要求不同,符合百度新闻收录标准的不一定符合谷歌新闻收录标准。

目前百度新闻源的使用率最高，大家谈到新闻源一般都是指百度新闻源。当用户点击百度首页的"新闻"时，显示出的信息就是百度新闻源搜索而来的信息。2017年3月21日，百度宣布因对时效性内容的技术升级，原独立新闻源数据库的形式不再适合使用，故取消了新闻源数据库。通过这次调整，百度将会更加注重内容的准入标准，加强对内容原创性、时效性的考察。

15．问：如何提交百度新闻源、360新闻源？

答：百度新闻源收录的网站类型有正式出版的报刊和杂志、广播、电视台，以及政府及组织机构的官方网站等。其共性是拥有高质量的原创资讯内容，在目标领域内具有一定的用户认知度，以及具有一定规模的忠实读者群。

百度新闻源不收录博客、论坛、软件下载等非新闻资讯类网站，以及企业网站和个人网站，它们都没有固定用户群和影响力。

百度新闻源申请收录方法如下：如果网站符合上面的收录标准，可以通过投诉中心的"新闻源收录"进行申请，百度将在5个工作日内进行审核回复。

360新闻源可收录的网站类型有综合及门户网站、政府机构及组织网站、报刊杂志及广播电视媒体等有原创新闻、有一定用户群和影响力的地方信息港，以及权威的专业行业网站。

360新闻源不可收录的网站类型为论坛、博客等非新闻资讯站点，以及个人网站和公司企业网站。

360新闻源申请收录方法如下：点击360主页底部的"网站收录"，选择"新闻源收录"进行申请，360搜索会在一定时间内按收录标准进行处理，其审核时间一般为一周，优秀的站点可能更快。

16．问：写软文常用的修辞手法有哪些？

答：笔者常用的有如下七种。

（1）暗喻。暗喻是指在本体和喻体之间不出现比喻词的句式。例如：世界上最重要的一部车是爸爸的肩膀（中华汽车）；整个城市就是我的咖啡馆（CITY CAFE统一超商）。

（2）拟人。拟人是把事物人格化，例如：生命给了建筑表情（万科）；会呼吸的纸尿裤（帮宝适）。

（3）借代。借代，以小见大，以部分代替整体，以特征代替本体，以具体代替抽象。例如：我们不生产水，我们只是大自然的搬运工（农夫山泉）。

（4）对比。对比就是把某几种事物在一定条件下，集中在一个完整的艺术统一体中，形成相辅相成的比照和呼应关系。例如：用好心肠做好香肠（黑桥牌香肠）；故乡的骄子，不应是城市的游子（成都世贸地产）；世界越快，心则慢（中华电信）；踩惯了红地毯，会梦见石板路（万科）。

（5）双关。双关是指利用语言具有多种含义的特点，故意使一个词在文案中具备两种不同的含义，给人们以丰富的想象空间。例如：人类失去联想，世界将会怎样（联想）。

（6）谐音。谐音就是利用其他同音或近音汉字来代替本字。例如：越是简单，悦氏不简单（悦氏矿泉水）；药材好，药才好（仲景牌六味地黄丸）；人人都是眼技派（天猫）。

（7）夸张。主要是指把产品或服务的特性进行放大或缩小。例如：平时注入一滴水，难时拥有太平洋（太平洋保险公司）；有一天，你的嘴里也能装得下大千世界（国家地理中文网）。

17．问：什么是软文的行动目标？

答：因为在软文的营销实践中，经常需要一系列软文来达到营销的最终目的，那么每一篇软文都有一个任务，有时为了做好铺垫，内容甚至没有任何广告的痕迹，但是正是这种软文的杀伤力更巨大，无形之中就引导了舆论，甚至引导了一种消费潮流，推动了一款产品或者一个行业的发展。此外，对于软文营销企业来说，公关类、维权类的软文行动目标可能根本不是为了产品、服务的宣传和推广，而是为了营造一种氛围，或者是为了改变一种局面，或者是为了维护一项正当合法权益等，当然绝大多数软文都是为了宣传产品或者服务的。

综上所述，笔者认为软文的行动目标有三种：一种是为了达成某种特定目的；一种是为植入广告做铺垫；另外一种就是广告。前两种基本不需要考虑植入的问题，主要通过文章的中心思想和论据直接用文字表达即可，最后一种需要技巧，需要巧妙植入产品。

18．问：如何把握软文的投放时间？

答：因为有些产品在夏天和冬天的用途不同，销售时间不同，宣传的重点自然也有差异。例如母婴类产品之一的爽身粉在夏季就比较畅销，到了冬天宝宝霜之类的产品就比较热销。而旅游类的宣传，往往在春天介绍百花齐放，在夏天赞美湖泊海浪，在秋天形容落叶缤纷，在冬天描绘万里雪飘。要把握自身产品在当下季节的优点，配合软文推广才能成效显著。如果在炎热的夏季，非要投放软文说棉被的保暖效果比在海南晒日光浴还舒服一定不会有人理会，但是换个说法，夏天买棉被便宜应该还是能吸引不少人注意的。保暖效果和价格优势该在什么时间投放，就不言而喻了。

19．问：汽车类软文如何写？

答：汽车类软文的写作切入点基本要遵循以下几点。

（1）宣传车型：小车要用"精致之选"，紧凑车要用"舒适居家"，中级车要用"越级而立"，中高级车要用"豪华标杆"，高端车要用"奢华尊贵"，SUV就用"性能强悍"。

（2）介绍外观：动感时尚、稳重大气、沉着冷静……只要不是方方正正的，都可以说是流线型设计；而以直线为主，则具备雕塑感。如果你还能将设计理念形容得再具体一点，那更能加分不少。以大灯为例，如果是圆形的，就说"可爱、复古"；如果形态不规则，就说"凌厉的鹰眼、炯炯有神"等。

（3）内饰介绍：可以说内饰风格时尚、配置丰富、富有科技感等，一般都是从方向盘开始，将所有的内饰优势展现出来。没有竞争优势的就避而不谈了。

（4）空间及动力表现：描述发动机性能、空间等。

（5）性价比：描述同等配置下的价格优势或实用价值。

（6）名师设计：彰显设计师个性化的语言。

（7）巧用形容词：如凶狠、动感、凛冽、犀利、具有视觉冲击力等。

（8）安全：例如防撞系统或撞击测试等。

汽车软文最常见的内容就是撰写新车介绍，把新车的方方面面都要传递给读者。相对于其他行业的软文，内容偏多一些，一般切入点是介绍汽车的驾乘体验，汽车厂商可以把媒体试车和媒体测评的结果进行传播，常用的撰写形式就是伪装成车主撰写"试车日记""试车感言"等，为客户提供参考，引导受众消费。如图5-11所示的案例。

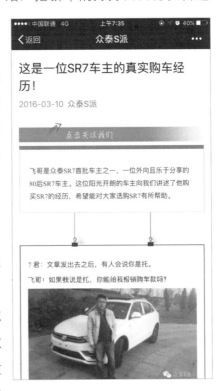

图 5-11　汽车软文（来源：众泰 S 派）

20．问：什么是公关软文？

答：公关软文介于广告与新闻之间，既有企业的商业表达意图，又符合传播规律，还具有传播价值。所以，公关软文既不是纯粹的新闻软文，也不是赤裸裸的广告。一款新产品的上市、一项企业战略的发布、一位高层领导的调整、一个问题的声明等都属于该类型。在媒体看来，这都是值得传播的新闻。公关软文往往就是包装的艺术、虚实巧妙结合的艺术。客户的意图要在新闻元素铺垫之下自然带出，进而借用新闻话语的传播力和公信力来实现诉求。如图5-12所示，贾跃亭的这篇文章就是公关软文。此外，京东女装的三次声明也是为了降低更多负面影响的公关软文，如图5-13所示。

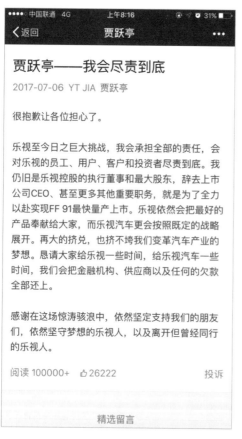

图 5-12　贾跃亭的公关软文（来源：贾跃亭公众平台）

图 5-13　京东的公关软文（来源：京东女装公众平台）

21．问：餐饮行业品牌故事软文如何写？

答：品牌故事能为产品赋予独特的性格，这种性格吸引着气味相投的消费者。他们消费的不只是具体的产品，还有价值观。好的品牌故事能为消费者提供社交名片，帮助他们表达自我。想要打造出脍炙人口的餐厅品牌故事，笔者认为可以从以下三个方面进行切入。

（1）追溯品牌历史。这是讲品牌故事的常见方式之一，多在强调美食的"传承性"。例如下面这个例子：

蔡林记的故事得从1930年说起，那时家在汉口满春路口的武汉黄陂人蔡明伟夫妇打出"蔡林记"的招牌经营热干面，他们秉承"不但管饱还管好"的理念，希望将高品质的热干面带给顾客。蔡林记凭借百年积淀的文化底蕴，坚持"传承百年老字号，创造精品蔡林记"的经营宗旨，打造出餐饮界的"奥斯卡"。

还有，"道口烧鸡"为什么能够如此出名，靠的就是宣扬故事：历史上嘉庆皇帝路过道口，忽闻烧鸡香味，尝完之后赞不绝口，自此道口烧鸡就成了贡品，广为流传。此类品牌故事利用名人发现美食，通过赞美而使产品流传，从而进行广泛传播，实现人们的追捧。

（2）鸡汤型。通过记录品牌创立到实际经营的一系列过程，对其中一些关键事件进行总结，形成励志故事，从而感动大家，吸引眼球。例如：

武汉餐饮品牌"周黑鸭"创始人的故事开始于1994年。那时，年仅19岁出身重庆贫困山区的周富裕因生活所迫，跟着哥哥姐姐来到武汉一家私人卤菜作坊打工。困难的生活现状使周富裕明白要想生活有所改变，必须依靠自己的努力。于是在1995年，20岁的周富裕选择了自主创业。经过上百次不断的实验，他终于研究出来一种口味奇特的卤鸭产品，将其命名为"怪味鸭"。2000年，风靡市场的"怪味鸭"被各种店铺仿冒侵害，生意陷入了低谷。经人提醒，周富裕明白这一切是源于"怪味鸭"的名字缺乏独特性，从而导致假冒泛滥成灾。于是，周富裕根据产品的外形特色加上自己的姓，将"怪味鸭"更名为"周记黑鸭"。

（3）落差力。落差力就是让人的心理形成巨大落差，这种故事很容易成为具有争议的、新闻追捧的话题。例如：

北大法学硕士张天一的第一家米粉店开在北京国贸的一家写字楼地下室，店铺有一个响亮的名字——伏牛堂。自2014年4月4日开张以来，该店受到包括人民日报、中央电视台、华尔街日报等多家海内外主流媒体的关注。创业至今，伏牛堂的估值已达数千万。张天一在《青年中国说》节目中说道："我们卖掉了11万碗常德牛肉米粉。把这些米粉连接起来，大概能绕北京六环一圈。"

想要建立起餐厅品牌在人们心目中的良好形象，最好的传播方式便是通过餐厅品牌故事来进行宣传，经由品牌故事来表达该企业的理念，在市场中传递企业的价值观。此类软文可根据自身情况进行撰写。

22. 问：如何写广播广告文案？

答：广播广告文案的表现形式是由广告内容决定的，同时也受广播媒体特点的制约。直陈式、对话式、故事式、小品式、戏曲式、说唱式、快板式、相声式、诗歌式、歌曲式、新闻采访式、讨论式等等，都适用于广播广告文案写作。

广播广告文案的语言要认真挑选，反复推敲，避免使用谐音词、同义词或多义词，以及容易产生歧义和误导的词语。对广告商品要有所取舍，对于有些单纯用声音不易解释清楚的商品，则不适宜以广播来宣传。如有些高科技产品，符号多或外文字母多，仅凭声音很难介绍清楚。此外，主信息要反复强调，以突出品牌形象。这里的主信息指的是品牌形象。广告最直接的目的，就是塑造品牌形象，唯有声音的反复强调，才能加深听众印象。广播广告中的人声、音乐和音响三种要素并非简单相加，而是高度融合，共同塑造品牌形象。具体写作中应注意以下几点：

（1）使用人们熟悉的、通俗的语言。

（2）使用短词和短句。

（3）引起听众的想象。

（4）重复产品的名称。

（5）强调关键卖点，一带而过很难被记住。

（6）慎用音响和音乐，喧宾夺主就不好了。

（7）根据时间、地点和具体的受众撰写文案，例如在地方广播台使用方言等。

5.7 什么是软文口碑营销

没有消费者会真正关心你的产品本身，他们更关心的是产品所能提供的价值，能解决什么问题。这就是为什么企业需要做一些宣传展示的原因，只有如此，你才能向消费者传达最重要的信息：我们的产品可以很好地帮你解决你想要解决的问题。所以，在做软文口碑营销时，不要仅仅依靠一些大牌明星，尝试一下用忠诚消费者来代言，将宣传的焦点聚集在他们对于产品体验的积极反馈上，这样会有意外的效果。

人们更愿意相信普通人的使用感受，特别是身边亲朋好友的推荐，没有什么比贴近生活的代言更加深入人心。这对于中小企业来说无疑是一个巨大的好处，已经拥有的忠实客户就是最佳代言人，不必再为那些明星支付巨额的代言费，就可以轻松赚到非常高的人气。互联网时代，"顾客就是上帝"的理念越来越凸显，调查表明，影响潜在客户购买的因素中，"积极的品牌评价"比重高达90%，购买行为产生过程是带有很强的情感因素的。为了达到最好的传播效应，要尽可能多地接触客户，采用社交媒体自然是不二选择。无论是对大公司还是小企业，社交媒体能让你的品牌传播变得简单。微博、朋友圈上一次又一次积极的点赞、评论、转发，能使你的品牌价值迅速发酵、增长，在社交媒体的环境中培养粉丝是最容易成功的。

此外，在门户网站、社交媒体上，也可以通过微博搜索、关键词检索等手段，第一时间接触到你的客户，解决他们使用产品的困惑，消除他们的不满。这是奠定顾客成长为忠实粉丝的基础。

说实话很多电商平台在实时回应顾客方面花了很大工夫：顾客的吐槽，要耐心细心解决；顾客的赞许，要自动转发一下、表达感谢。这的确能够赢得顾客赞许，没有人会喜欢内容无聊空洞的商品介绍页或者一成不变的产品推销文，顾客只想知道你的商品能解决什么具体问题，因此他们更想看到别人的使用反馈和评价。试着使用淘宝卖家经常使用的手段，在商品介绍中插入一些积极的评价截图，让潜在客户产生怦然心动的感觉，用已有粉丝的热情来点燃潜在客户的购买欲望。

那么，如何收获更多评价，以形成强大的社交媒体口碑传播效应呢？自然就是推动你的忠粉丝来发布更多关于产品的积极信息。所以，为了收获更多的积极评价，必须简化评价流程，让顾客花最少的时间来进行评价和反馈。当然，更有效的办法就是用一些礼物或者折扣来进行激励，特别是在某些特殊场合或者节日时，多发一些促销软文或回馈粉丝的信息。记住，尽可能地通过各种方式给粉丝更多惊喜，"惊喜"永远比"满意"好！

综上所述，要用长远目光来审视和维护商家与顾客之间的关系，软文营销最重要的支点是顾客，顾客的积极评价才是最好的营销！

第6章
微商软文营销

6.1 朋友圈软文营销三要素

1. 定位

朋友圈营销的第一要素就是确定朋友圈定位。做微商，其实就是做营销，必须要清楚自己的定位。营销的是什么产品，提供的是什么服务。例如笔者做微信营销，那目标客户就是想学微信营销、软文写作的人群，我的朋友圈定位就是分享微信营销技巧，我的朋友圈内容就要往微信营销领域延伸，把自己打造成为一个营销专家。所以作为微商都要结合自身进行定位，从而明确要在朋友圈发布推广的内容。

2. 配图

从实际操作经验来看，每次发出的图片以9张为最佳，但并不是说每次都发9张，也可以按照3张或是6张发出。张数过少，显得内容单薄，刺激用户点开查看的欲望小；5张或7张发出后会留有部分空白，显得画面不协调，对于微商来说也是在浪费展示机会。切忌每天只发产品照片，用户天天看的几乎都是一样的没有新意的东西，会感到厌烦，要尽量发布软文广告。具体可以发些用户使用前、使用后的反馈类图片，还可以适当加入自拍照等富有生活场景的照片，让用户觉得你是一个充满正能量的真实的人。当然还要选最有说服力、最能说明问题的图，例如客户的反馈截图、课程质量的评分表、产品热销的数据图等。这样的图，往往能够有效地证明产品或者服务的质量，同时使得全文图文并茂，更加形象直观。

3. 数量

每条朋友圈总共会显示6行，每行19个字，最多114个字。文字排版会随着标点或表情符号产生一些空隙，建议一条朋友圈在100字左右，这样做的目的是让发布的内容在一屏之内显示出来。到超过100字的时候，朋友圈就会在底部出现"全文"两个字，需要点击才能查看全部，故有些重要的信息就会被折叠起来。在网络营销界有一句话：多让用户点击一次就会失去50%的客户。另外在文案中适当添加一些表情符号，会起到画龙点睛的作用。

6.2 朋友圈营销禁忌

1．忌自卖自夸

最好不要发自卖自夸的段子，极易引起别人的反感。类似"我熬过了被人屏蔽，承受过了抱怨刷屏，终于轮到那些人后悔了……"这种自我激励、自我证明的段子并不能表现出你有多成功，反而会引起消费者的反感。做微商要脚踏实地办实事，处理好每一个顾客的疑问，及时发出每一笔订单以及宣传真实的客户见证，这些才是微商应该做的事情。

2．忌负能量

朋友圈作为一个虚拟的公共场所，微商偶尔的发泄可能会让你显得很真实，但是长年累月地抱怨对生活的不满会拉低别人对你的信任感，一个连自己的生活都过得糟心的人，怎么会有心思处理好顾客的事情呢？做微商，需要展现你的积极和乐观，这也侧面反映了你做人做事的态度，有些微商把发脾气、爆粗口当作有血性。文字不同于开口说话，没有表情、语气、肢体语言的配合，搞不好就容易把开玩笑变成人身攻击，更不要主动打压别人。传播负能量还包括发一些恶俗的话和让人反胃的图片等。

3．忌谣言

在当下的互联网散播谣言可不是小事情。朋友圈鱼龙混杂，大部分谣言让人防不胜防，作为微商想要赢得别人的信任，确实需要避开类似的谣言，同时也切记不要为了博得关注而主动造谣，要学会辨别信息的真伪。现在微信也多了辟谣的功能，发布之前可对信息进行一下确认。

4. 忌刷屏

千万不要刷屏，在信息时代，互联网给了消费者选择权，你稍微让用户不舒服，用户就能立刻屏蔽或者删除你。有些人把刷屏当作习惯，把本来很高雅的事情变得俗不可耐。例如看场音乐剧，结果一口气用小视频刷屏十八次。

5. 忌低俗色情

有的人很无聊很低俗，在朋友圈里发些淫秽的图片或者无聊消极的段子，影响他人。社会败类什么时候都有，但积极阳光、品行端正的人还是多数，不要让朋友觉得你是那种好色、低俗、生活在底层的人，这样只会被屏蔽拉黑。

6. 忌杂乱无章

切忌除了发送自己产品的推广，还时不时发些与自己无关又不能体现生活品质的内容，例如经常转发二维码集赞、砍价和一些无关痛痒的东西。也不要在文案中穿插太多花花绿绿的特殊符号，否则看起来杂乱无章，毫无美感。

6.3　常用的朋友圈软文创意以及编写16招

朋友圈软文要将产品置入用户使用场景，结合产品自身的特质进行描绘，将产品与生活进行融合，将产品与消费者进行对话，从而引起消费者共鸣。

1. 利益"引"人

促销式软文是各行各业最喜欢用的形式，一个原因是比较好写，基本上接近硬广告的形式；另一个原因是促销软文对于有购买需求的读者来说，低价、团购等方式的刺激，能让交易更容易达成。

此类软文可结合节日、庆典、周年庆、公司让利、感恩回馈、重大活动、慈善募捐等进行撰写，根据促销产品实际情况出发，提炼出最吸引目标消费群的一句话文案，并进行配图来吸引眼球。还要考虑消费者的利益，如折扣、赠品、特价、清仓、抽奖以及其他活动。至于活动目的、意义那些东西不写也可以，关键是以什么样的方式进行活动。文字要具有一定的煽动性，要把消费者购买的欲望激发出来。此类软文要多收集促销广告语，对其加以修改润色后，对于朋友圈营销就足够用了。在此附上30句经典促销语供参考：

（1）价格够霸气，49元起两双再享8折！

（2）这次清仓值得看，39元起！

（3）限时秒杀9元起，不能停！

（4）畅销品凑单，拼拼更超值！

（5）白菜价，88元起！

（6）庆五一，享方便实惠，赢精彩大奖！

（7）"五"动情绪，清爽"一"夏，简单竞拍！

（8）购物有乐趣，吃上再拿上！

（9）国庆喜到来，吃送喜上添喜！

（10）十一带着我，晒不黑，晒不干！

（11）错过今天，再等一年！

（12）终极X小时终极抄底价！

（13）一不做二不休，用暴烈手段揭价格底线！

（14）团购征集令，会员独享折上折！

（15）年终献礼全场厂家直销！

（16）挑战全年最低价！

（17）机会不是天天有，该出手时就出手！

（18）将打折进行到底！

（19）厂价直购，低价引爆全城！

（20）全城期盼，屏住呼吸！

（21）享岁末抄底价，厚礼超乎你想象！

（22）团购低至X折，XXX等你来拿！

（23）庆元旦送豪礼，XXX年底最火一次亲情奉献！

（24）岁末冲量大放价，开仓低价装新家！

（25）共度圣诞，狂欢购翻天！

（26）拒绝面子问题，就选品牌货！

（27）欢欢喜喜庆五一，清清爽爽过夏季！

（28）黄金周不产黄金，五一节却有五折！

（29）XX手机折上折，想都不敢想的价格！

（30）五一逛XX，购物中大奖；低价降到底，好运转不停！

2. 真情"感"人

都说国人是最重感情的人，软文创作同样可以走情感路线，打情感牌，创作情感式的软文。情感式的软文由于信息传递量大、针对性强，可以使人产生共鸣，容易走进消费者的内心，所以"情感营销"是很多行业都特别喜欢的，也是特别有成效的一种形式。在很多情况下，消费者购买和使用商品是为了追求一种情感上的满足，或自我形象的实现。当商品能够满足消费者的心理需要或充分实现了其自我形象时，它在消费者心目中的价值可能就远远超出商品本身了。也正因为这样，有情感诉求的软文在现代社会得以诞生，在今天更是得以蓬勃发展。

在广告中融入亲情、爱情、友情等情感，不仅赋予了商品生命力和人性化的特点，而且容易激起消费者的情感共鸣，从而诱发消费者对商品的购买动机。例如以下案例，走的都是情感营销：

（1）夜深了，打个电话回家，让家人知道你在哪里。

（2）晚一分钟回家比永远不回家要好得多。

（3）我们都有母亲。当我们长大，当我们成熟，母亲鬓发白了，脸上皱纹深了。平时，熙熙攘攘的生活、复杂的人际以及繁忙的工作容易使我们感到疲惫，容易使我们善忘……5月12日母亲节，是该给母亲一些回报了。

3．数据"动"人

用数据说话，告诉读者答案，才能直击心灵。

在撰写此类软文时需要考虑的就是最好在文章中穿插实际数据，来增加朋友的信任感，这些实际数据可以让软文的质量提升一个档次，而且拥有实际数据的软文比自吹自擂的软文更受消费者欢迎。例如以下这些案例，就是用数据说话：

（1）今日，我们王者归来！我们带来了注册商标！处决淘宝上线的权力！国际上最为先进的防伪技术！更为严格的控价体系！更为优秀的学习制度！微商时期，我们用三个月的时间创造出五个亿的销售额，打造了上百个百万富翁。这次机会对于你意味着什么？我想你应该懂。但，改变远不止于此。

（2）不是减肥太贵，而是在您眼里，自己的身材不值钱！吃大餐300块不贵，就享用一次；买盒烟20块不贵，就抽一天；买件衣服2000块不贵，就穿一年；买个苹果手机6000块不贵，就用2年；说到减肥了，太贵了！说明您的身材还没有这些物品值钱！身体是无价之宝，减肥就是在预防疾病的发生，拒绝减肥就是拒绝健康！XX减肥产品正在热销中。

4．憧憬"迷"人

此类软文撰写要学会敏感地联想，一个擅长联想的作品，通常形象生动、令人过目不忘，可以称得上是朋友圈营销的利器。文案的联想能力当然不是一蹴而就的，多运用自然能够熟练。案例如下：

（1）北极的上空偶尔会有炫目的绿光，像一片绸布在空中飘扬。有人说绿光出现的时候，能听见天空传来踏雪的声音，仿佛灵魂在世界的另一端踩着雪地漫步而行，那是神话般的美丽。如果说收集绿光，就会出现奇迹，那么将一个绿瓶子摆在家里，至少可以滋养喜悦之心。文案配图发布效果如图6-1所示。

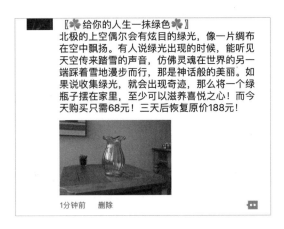

图6-1 联想到绿光的朋友圈软文

（2）用复眼审视色彩，视觉因此衍生出多元的光感系统。用双手爱抚梅肯布料，触摸到三维质感的立体感受。敏锐的第六感，幸运地撞见了布料的设计灵感，于是以自由的姿态，持续在感官层面相互聆听，期待和柔和的光线生成新的感官艺术对流层。文案配图发布效果如图6-2所示。

图6-2 让人产生多感官联想的朋友圈软文

5. 理由"服"人

想要让客户下单，总要给客户一个理由，此类软文就是在100字以内清晰表达消费者为何要买你的产品，以及你能给消费者带来什么价值和期望。案例如下：

（1）很多人都在问，我家的粽子为什么这么贵，我给大家统一说明一下，我家粽子的所有材料都是顶级品质，粽米选择的是来自黑龙江的生态粽米，红枣和葡萄干来自新疆，一级若羌红枣一斤成本都是20几元钱，我家的玫瑰蜜汁更是纯生态种植，无化肥农药除草剂。我们的制作过程烦琐漫长，粽米是经过15到20天的发酵以后才可以用，我们的粽子晶莹剔透，香糯顺滑并且很好消化，大家尝尝就知道啦！文案配图发布效果如图6-3所示。

图6-3 详解粽子材料的朋友圈软文

（2）我是一颗傲娇枣，我沉鱼落雁，红扑扑的皮肤惹人爱；我闭月羞花，甜甜的口感招人喜；我泡得了茶，熬得了粥，做得了羹，蒸得了点心。问我是谁？新疆若羌红枣，江湖人送外号：贴心小跟班！随时随地，想吃就吃，多吃不胖！一日三枣，终身不显老。

（3）什么产品可以称作长线品牌？什么产品一年四季都在卖，而且越来越火？什么产品可以不靠造势不靠炒作，就靠品质、口碑说话？这就是XX产品。

6. 励志"引"人

正能量，代表着一种充满阳光的心境，犹如一种磁场，给对方的心灵以强大的吸引力。其实我们都有这样的体会，与有些人聊天，兴致勃勃，意犹未尽，就算是阴天，心里也像装着太阳，令你容光焕发，信心倍增，感受到人性的光辉和社会的美好，这就是励志软文的魅力所在。当然此类软文素材宽泛，用之不完，取之不尽，但不宜多用，尤其是心灵鸡汤一周一次或三天一次最佳，太多反而让人反感。案例如下：

（1）曾经以梦为马，只想执剑走天下，而忽略了家中父母为了我们洗手做羹汤的付出。兜兜转转，才猛然发现，年少时最想逃离的故乡，才是我们梦想起航的地方。奋斗路上，别忘了还有家人！这个新年，匠人派陪你一起，衣锦还乡！

（2）微商的使命在于改变命运；微商的价值在于精神唤醒；微商的能量在于焦点利众；微商的信仰在于心中有爱；微商的伟大在于思利及人；微商的成长在于日日精进；微商的蜕变在于下定决心；微商的潜能在于公众承诺；微商的智慧在于闻道而行；微商的绽放在于内在丰盛；微商的幸福在于用心经营。

7. 攻心"来"人

此类软文的撰写技巧就是精准挖掘受众痛点，在撰写时通过场景嵌入适度将其放大，并告知解决的办法，然后就可通过"攻心"来刺激受众的购买欲了。案例如下：

（1）"公交不敢挤，面试屡被拒，一天洗2、3次澡都难掩臭味，每次看到别人捂着鼻子，用异样的眼光看我，就觉得自己像个怪物。"说起狐臭，小青满腹道不完的辛酸，虽用尽诸方，然效均不显。抱着试试的心态，央我帮忙，现用XX产品调理数月，臭味淡退，倍感欣喜。

（2）酒入肝肠，难解短促愁！才30岁出头的乔先生，却已感觉夫妻生活越来越力不从心。咨询时唉声叹气道："老婆常说我没用，挺伤人自尊的，但疲软无力很痛苦……"后坚持固元调理，数月，改善。文案配图发布效果如图6-4所示。

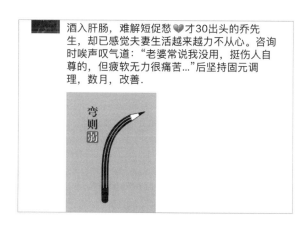

图6-4 精准挖掘受众痛点的朋友圈软文

8. 热点"博"人

此类软文的撰写技巧就是把热点嵌入到文章中。这类文案创意应该如何写呢？首先要找到节假日或热点事件的关键词，其次要找到自己所服务品牌的关键词，最后针对以上两类关键词进行组合。写完后再考察一下，看是否符合以下三个指标：是否能够体现热点？是否能体现独属于品牌的感觉？是否能够引发消费者的共鸣？如果符合以上三点，那这个朋友圈文案或多或少就具备些魔力了。案例如下：

（1）推荐桃子的软文可以和热播电视剧《三生三世十里桃花》结合：三生三世，十里桃林；桃花落尽，迎来仙桃；仙女必备，神仙必吃；粉粉嫩嫩，味美香甜。文案配图发布效果如图6-5所示。

图6-5　结合热点的朋友圈软文

（2）浅浅："夜华，我又要历劫了。"夜华："什么劫？"浅浅："三八妇女'劫'。"夜华："无妨。我会送你法器保你平安渡劫。"浅浅："什么法器这么厉害呀？"夜华："三里人家红枣黑糖姜茶啊！"

（3）与夏至这一节气有关的文章，也可以和电视剧《夏至未至》相结合，如：《夏至未至》正在热播时，夏至真的来了。今天，昼最长，夜最短，及时行乐，不负光阴，来驻马店航旅……

（4）夏至未至，衣服渐少，身体频频发出警报：体重增加、长出小肚腩、肌肤发暗粗糙……因此，春季排毒，激活肠道，成了这个夏季养生达人的健康新主张。文案配图发布效果如图6-6所示。

图 6-6　结合热点的朋友圈软文

9. 名人"勾"人

名人是社会公众比较熟悉和喜欢的群体，人们能够通过各种媒体不断地获取名人的相关信息。也正是因为名人本身的影响力，在其出现的时候往往能够达到将事态扩大、影响加强的效果，这就是名人效应。在广告方面，几乎大部分广告都在利用名人效应，因为受众对名人的喜欢、信任甚至模仿，从而转移到其对产品的喜欢、信任和模仿上来。

朋友圈软文营销也可以借助名人来吸引微信好友的眼球，增强朋友们对产品的信任度。但是傍名人如果没有经过名人的同意，风险也是很大的。在网络营销的实践中，傍名人的操作手法有时候与借东风一样，可以直接借名人事件做一些评论引出要植入的话题。

傍名人还有一点必须注意，绝对不能杜撰名人和产品之间的关系，例如写减肥产品，可以写用了减肥产品能够实现×××那样的身材，但是绝对不能写×××是用你的减肥产品而保持了理想的身材！更不能因为你的蹭热度导致名人的社会评价降低，甚至是有损名人的名誉。

不仅仅是名人，名企、知名商标都可以去"傍"，关键是要傍得巧妙，傍得连名人都感觉有面子才是好事，才能让读者不觉得反感。否则，即使傍上了名人,要么惹来官司,要么引起读者反感,就没有任何意义了。

如果你的产品还没有名人代言,也只有通过嵌入名人曾经使用过你的产品间接拉上关系;当然如果你的产品已有某位明星代言,那就可以名正言顺地在软文中借名人博眼球了。案例如下。

(1)宝宝吃完东西脸就会变成小花猫,要经常擦洗,娇嫩的皮肤可经不起粗糙的毛巾,一定要给宝宝准备一套柔软的面巾。美国Aden+Anais毛巾很多大牌明星都在给宝宝用,柔软又吸水。爱护皮肤要从小做起哦!文案配图发布效果如图6-7所示。

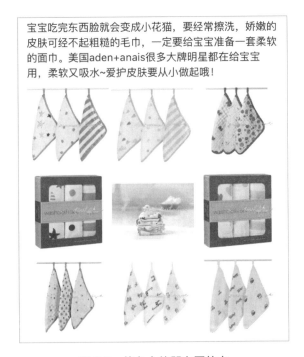

图 6-7 傍名人的朋友圈软文

(2)澳洲的freeze frame,从来没有媒体宣传!从来没有大的广告海报!但是就突然火了!为什么各国大牌明星都在用?凭什么价格这么高?很简单,就是靠效果!文案配图发布效果如图6-8所示。

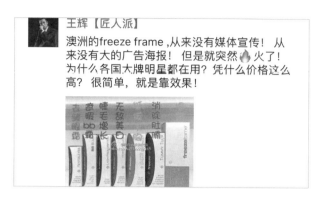

图 6-8 傍名人的朋友圈软文

10. 互动"撩"人

相信大家都知道如果没有互动,朋友圈可就是一潭死水,死气沉沉。时间久了,朋友间拉黑的拉黑,屏蔽的屏蔽,你的微商之路也就走到了尽头。

可能你的好友有几千人,或者至少有几百人,但并不是每个人都认识,每个人都熟悉。但是既然想在朋友圈里做营销,就一定要有营销思路。

互动能给你带来什么好处?能跟你互动的人、愿意跟你互动的人,这些就是你重点要关注的人群,可以根据此做一个客户筛选。

人跟人之间的交往其实就在于互动。如果互动多了,关系自然就会亲近,信任感也自然就会增加。朋友圈的互动,内容形式多种多样,除了笔者给读者举的案例外,也可以写讨论式的软文,说说你对某一个事件的看法,在朋友圈里跟大家一起去讨论,看看大家是赞同还是反对,或者有没有其他的想法或建议。这种讨论帖其实是比较有意义的,如果有人愿意跟你讨论,愿意给你回复甚至愿意跟你去辩论的话,那么这个人其实是关注你的。讨论可从以下几个方面展开。

1)在朋友圈咨询求助或回答求助

是否经常看到朋友圈里有人问:"万能的朋友圈谁能告诉我……"去积极回答他们的问题,其实这就是非常好的互动。人本身就喜欢帮助别人,所以这种时候,大家也比较愿意互动。正是这些互动,让营销乘势而入。其实只要留心身边的互动性文案,就会发现它们多如牛毛,甚至都不用你去想去写。猜谜语、小测试、小调查、买东西纠结买哪款等,都可以发到朋友圈,集思广益,征求大家的意见或者考验大家的智商。平时可以多收集这类内容,然后通过自己的语言表述出来,这样也显得真实。例如以下几个案例:

(1)大家都来猜猜,图中谁是老板?凭直觉哦!文案配图发布效果如图6-9所示。

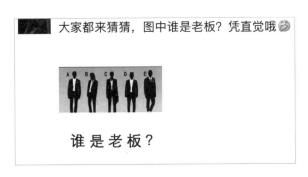

图6-9 征求大家意见的互动朋友圈(一)

(2)如果这四个同时亮起,你会先点哪个!我是第一个,你呢?文案配图发布效果如图6-10所示。

图6-10 征求大家意见的互动朋友圈(二)

2)有奖活动、征集话题

这种软文采用集赞、评论送礼品、有奖问答的方式,在节假日或者平时感觉朋友圈比较低迷的时候都可以发布。有奖品的朋友圈文案一般都很有吸引力,当然前提是你的奖品要足够诱人,参与方式也比较简单。如果奖品没有吸引力,问题设置很难,那大家参与的积极性肯定不会太高。建议参与方式越简单越好,例如就发布评论或者点赞即可。案例如下:

(1)征集话题类:如果你有好的话题或者特别感兴趣的话题,可以通过评论或者私信推荐给我。被选中的朋友,在我发出你推荐的话题时会@你的名字并加上你的微信号,帮你在我朋友圈推广一次,同时还会给你寄送我们公司的一些试用品哦!

(2)成语接龙类:让我们在评论里成语接龙把,请你点开最新评论,将其最后一个字作为你评论的第一个字,循环下去!

(3)求支招类:广大的微友,请帮忙分析一下,该怎么帮助这个朋友,求支招!如图6-11所示。

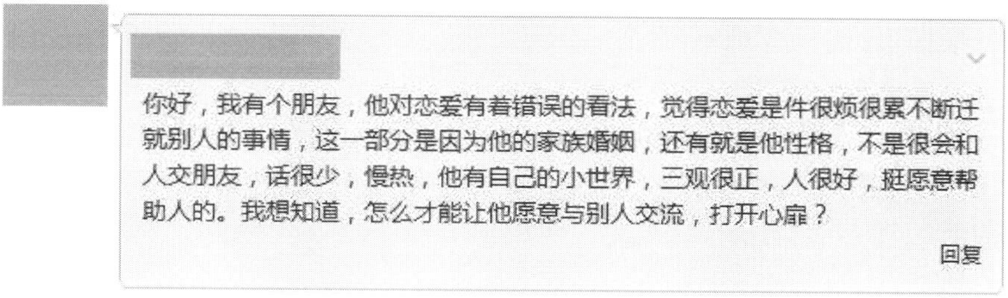

图 6-11 求支招型的互动朋友圈

(4)休闲类:"今天是周五",用你的家乡话怎么说?

(5)慰问类:季节交替变换,注意保温,谨防感冒。说一说你那里的气温现在是多少度呢?

11. 体验"增"人

此类软文就是分享所代理产品的视觉体验、享用体验,并通过文字将信息传达出来。撰写时可将产品的成分、制作方法、使用方法等也写出来，当然更重要的是写出使用产品后的体验和感受，要写出顾客使用产品的结果。案例如下：

（1）1610年中国茶叶乘着东印度公司的商船漂洋过海，饮茶之风迅速传遍欧洲大陆，因其来自神秘的东方，故被称为"神奇的东方树叶"。茉莉花茶，0卡路里，上品饮茶，极品饮花，可以闻得到春天的茶……打了这么多广告语，其实印象只有四个字，唇齿留香！文案配图发布效果如图6-12所示。

（2）很多不爱吃青菜的宝宝们，均衡营养是关键！没空做饭做菜？喝青汁喝腻了？这都不是问题，吃青汁饼干就好像吃抹茶饼干一样！你一定喜欢！文案配图发布效果如图6-13所示。

图6-12 体验分享型朋友圈软文（一）

图6-13 体验分享型朋友圈软文（二）

12. 反馈"系"人

微商发反馈的意义一方面可以解除怀疑，另一方面能够提升客户兴趣。很多微商在朋友圈刷屏式地说自己的产品有多好，倒不如让客户说、让身边的人说，一次客户见证胜过你的千次刷屏。客户的口口相传，好过你的自卖自夸！很多时候客户之所以迟迟不下单，往往是因为缺乏信任，对自己即将做出的购买决定缺乏坚定的信心。找出这个关键点，用已有客户的见证打消目标客户的疑虑，促使对方放心下单。

所以说微信朋友圈营销重要的是谁说。如果产品好，让第三方消费者或名人说出来，效果立竿见影，而且会比自吹自擂好上百倍。此类软文可以将一些名人购买产品的图片编辑出来，直接进行描述就可以了。当然和客户或合作伙伴的合影，也可以晒出来，证明你们之间良好的服务、合作关系。如果是有声音、有画面的客户反馈，则效果更佳。案例如下：

（1）这个买家秀真心棒！果园现摘直发客户！本月截至今天，农产品单品零售销量已破3000单，五星好评1000条！虽然我们做电商才刚起步，2个月不到，但我相信我的团队！

（2）客户见证的力量，辛苦并没有白费！近期收到大量新人发来的感谢短信，"皇冠嫁日"用实力将情怀落地，用感动让友谊长存，文字不重要，有图有真相！感谢选择与信任，感谢相信的力量让美好凝聚，感谢、感怀、感恩让美好永驻！文案配图发布效果如图6-14所示。

图6-14　反馈型朋友圈软文

13. 背书"挖"人

此类软文撰写通常会嵌入某家专业机构、某一领域专家、某一行业的顶尖人物的肯定来让普通受众信服。案例如下：

（1）XX产品让你健康让你赚。产品已通过ISO9001质量体系认证，获保险公司3千万保单，通过美国PDA（Food and Drug Administration的简称，即食品药品管理局）认证，质量保证。

（2）Pregnacare系列产品是英国最受欢迎、最值得信赖的孕期保健品，它的产品包括备孕营养片、孕期营养片和产后哺乳期营养片，是英国权威生育指导机构——英国全国生育联合会（The National Childbirth Trust）的专家推荐。文案配图发布效果如图6-15所示。

（3）我们家自己在用的又快又省电的电磁炉，专家试验测试零辐射。健康安全的选择。有现货，防辐射波电磁炉，可以防止电磁辐射波对人体产生危害（专利号：ZL 2012 2 0660343.7）。功率大，耗电小，本产品附送的锅具是医学专家推荐的传统的生铁锅。本品是根据普通电磁炉的所有缺点改进的专利产品。文案配图发布效果如图6-16所示。

图6-15 背书型朋友圈软文（一）　　图6-16 背书型朋友圈软文（二）

14. 承诺"聚"人

此类软文就是通过文字表明对消费者的承诺,没有承诺,就没有任何人会买你的东西。承诺越具体越好,不要写下连你自己都不相信的承诺。你的承诺靠什么来保证,在文案中也要写清楚。例如"让你美丽"的承诺不如"消除你脸上的色斑"及"让皮肤变得洁白有光泽"有力,"为你省钱"不如"让你省下10元钱"有力。案例如下:

(1)"名膜佳人"睡眠面膜的深层护理效果是普通面膜的10倍。它含有丰富的竹碳,可以消除你脸上的毒素,吸附皮肤中的污垢,刺激血液循坏,消除斑点、细纹和痘印,增加肌肤弹力,使肌肤白皙嫩滑。很多明星都在用哦!不要透支你的年轻,好东西就尽早用起来吧!本品郑重承诺,无效全额退款。

(2)再好的良药,效果都会因人而异,本款治疗脚气的产品有的人只需半支,有的人需要一支,还有的可能需要两到三支,治病贵在坚持。严重者,一天三次,三支一个疗程,如果三支用后仍不见效,我们全额退款。

15. 警示"捉"人

善意地警示消费者,能捕捉人内心深处的情感,此类软文的撰写也比较容易,就是用警示的语言来提出一针见血的建议,从而提高受众对你的认同。案例如下:

(1)如果你的汽车会游泳,请照直开,不必刹车。这是一则交通警示广告。

(2)穷人失去健康,等于雪上加霜。富人失去健康,等于一辈子白忙。男人失去健康,她会成为别人的新娘。女人失去健康,他将会重新装点自己的洞房。老人失去健康,天伦之乐成为奢望。儿童失去健康,他的父母会痛断肝肠。人这一辈子,没了健康,都是在白忙。

（3）腾讯新闻报道：江西十七岁小伙经常便秘没在意，在厦门查出肝癌。千万不要以为便秘是小事！长期便秘会致癌！改善肠道健康，告别便秘，从XX产品开始，益生元低聚果糖双向调节，让你轻松告别便秘苦恼。

16. 趣味"悦"人

一篇有趣的软文，读者阅读后往往会过目不忘，这个就得益于软文创作者所使用的语言。借助生动、幽默、诙谐的语言，可以将内容写得活泼俏皮，恰当地运用修辞手法和谐音，可以令读者读后回味无穷，甚至乐意进行口碑传播，让大家在开心大笑中接纳产品。

为什么说趣味文案可以打动人心？大到商业社会乃至全网营销，趣味文案的热度高居不下，很多企业都因为没有一个有效的宣传途径，导致好的产品被埋没了，而有些企业却因为一则有趣的文案一炮而红。当下网络上涌现出了一批优秀的"段子手"，他们站在信息传播的前线，和用户、粉丝近距离接触，创作出无数形式新奇、内容有趣、制作用心的文案，让人在明知是广告的情况下，仍然愿意期待、阅读并分享，从而达到营销的目的。

作为微商营销，平时就要多收集有趣的内容，可以每天在微博、微信、报纸、书刊等捕捉当下抢手、有趣的段子，然后通过想象力和关联法将自己所销售的产品与其糅合在一起，用自己的语言或本地的方言去整合表述，显得真实又容易带来互动，从而实现销售转化。

撰写趣味文案有八个技巧：

（1）培养对趣味的热情：用想象力提高趣味文字与产品的关联；

（2）强化趣味思维：用诙谐的语言勾起产品的卖点；

（3）用趣味的事件打动人：亲身经历的事件最容易感动人；

（4）用趣味的素材来诱人：借用网络趣味素材挖掘你的产品优势；

（5）用趣味的生活来聚人：用个人有趣生活增加笑料；

（6）用趣味的话题来引人：迎合读者的胃口；

（7）用趣味的对话来留人：敢于风趣地去描述产品；

（8）用趣味的图片来博人：善于借助趣味的配图打开交流渠道。

趣味文案的例子如下：

（1）晚饭前，爸爸说："给你二叔打电话，叫他过来喝酒。""我二叔来不了，我二婶说他在家洗衣服呢。""真窝囊，要是我啊……"此时妈妈拿着炒菜铲从厨房出来了，说："要是你怎么样？""要是我，我早洗完了！因为我用了XX洗衣片！"

（2）公司里有一个爱美的胖姑娘，没事就拿着一面镜子左看右看，一个男同事在边上打趣道："你在看照妖镜吗？"胖姑娘心想，女妖精一般都是漂亮妩媚的，她冲男同事抛了个媚眼，问："我是什么妖？"男同事笑道："水桶腰！"随后又说道："喝我卖的XX产品可以让你变成小蛮腰！"

（3）今天丈母娘把我老婆叫回娘家了，说想姑娘了让她回家住些日子。我就问丈母娘为啥不把我叫上，丈母娘说："你小子傻呀，今天是双十一呀！俺们村没网！"可是妈呀，我现在就在卖无线Wi-Fi设备呀！

（4）周末和老公去电影院看电影，前排坐着三个漂亮的美女，人手一桶爆米花，从电影开场就一直在吃，吃完后又拿出一大袋瓜子开始嗑，说实话，真的想骂人，但我忍住了，我对老公说："把鞋给我脱了！"老公说："鞋脱了也没用，自从穿了你代理的防臭袜，我的脚再也不臭了。"

6.4　微商朋友圈塑造的基本要点

一个具有被动营销功能的朋友圈，必须包含以下要素：价值、品味、思想、圈子、爱好。那如何通过内容来塑造这些要素呢？有以下四种方法：个人反馈、团队反馈、生活信息、产品信息。

1. 个人反馈

朋友圈营销的个人反馈有如下几点：

（1）别人补了什么货，自己出了什么货；

（2）所招代理对自己产品、工作的认可；

（3）代理的补货、售货转款图；

（4）自己的代理又招到多少代理。

以上4点是最能吸引意向代理的信息。此外，还可以在朋友圈展示工作内容的细节，例如培训实景、发货流程、客服工作面貌、员工生活场景等。

不是你成了牛人，才有东西标榜；而是你标榜了自己，才有可能成为一个牛人。做微商，必须要学会推销自己，要敢于炫耀自己的优势和长处，该高调时高调，不能一直低调。那么如何炫耀自己呢？

（1）将你给代理讲课的记录、学员听课后积极的反馈，截图发到朋友圈；

（2）将你跟大咖学习的引流方法展示一点；

（3）将你参加的重大会议发个小视频，谈谈心得；

（4）代理用你的方法很快实现了销售业绩的上涨，将前后数据进行展示。

底层代理展示产品，中层代理展示团队，高层代理展示自己。自己在哪个级别，就在哪个级别尽情展示出来吧！

朋友圈就是营销的阵地，所以要发别人想看、想了解的内容，而不是发你自己想发的内容，发布的素材也要做好取舍。你的很多微信好友是通过其他渠道吸引过来的，有很大一部分人是在观望你是否可信。因为人人都想提升自己，所以你就要围绕赚钱、提升、改变的大背景来着手编辑软文并发布在朋友圈，自然能吸引到有意向的代理。

虽说，天天发这类可能会引起部分朋友反感，但是不得不承认，意向代理就吃这一套，我们也必须遵循大环境市场的规则。所以，个人反馈是朋友圈最重要的内容。另一种个人反馈是别人对你的认可，例如说跟着你，代理今天出了多少货、学到了什么、招到了多少新代理等等，与你产生互动。第一种个人反馈强调转钱多少、补货多少、拿货多少，重在塑造品牌；第二种个人反馈强调文字、内容，重在塑造你的人格。

2．团队反馈

团队反馈的重点在于塑造团队形象，将你对团队的扶持即团队自身强大的资源传递出去，让朋友知道加入了你的团队，能够学习到很多知识。

3．生活信息

做微商其实就是在做个人品牌、塑造个人魅力，所以平时可以玩玩自拍或者将生活中一些有意思的东西记录下来，分享到朋友圈里，让别人感受到我们是一个活生生的人，而不是机器。

为什么要注重生活信息的分享？因为人都是有猎奇心理的，喜欢通过朋友圈来了解一个人的信息；第二，别人越是了解我们，就越觉得我们真实，就越信任我们。除了真实，生活还要显得有品质和接地气，一些朴素的场景只要注意角度和光线，就可以拍得很有范儿。重点是要让别人觉得我们有内涵、我们很优秀，因为人都是愿意与比自己更优秀的人接触的。做微商要学会把握大众的心理，让自己的朋友圈更加真实有料，每天要至少发一条与生活状况有关的内容。

4．产品信息

产品信息是微信营销的一个重要组成部分，包括产品展示、产品效果、使用反馈等，但这类内容不是最核心的，每天发一条就够了。

综上所述，就一条建议——朋友圈塑造就是让别人一看你的朋友圈，就觉得这是我想要达到的目标，是我想要的生活方式。发之前要学会思考，我的这条朋友圈能给别人带来什么样的触动。懂得展示有品位的东西，但又不做作，激发起别人的欲望，不断分享有价值的、能给别人带来启发或帮助的知识，例如育儿经验、护肤心得等，给人以专家的印象。去发掘自己擅长的领域，并将其发挥到最大，在帮助别人的同时，实现自己的目标。相信日积月累，你也能吸引更多的人加入到你的团队中去。